un assaggio di passione
poesie d'amore

a taste of passion
love poems

© Copyright 2006 Garry A. Priam.
All rights reserved. No part of this publication may be reproduced, stored in a retrieval system, or transmitted, in any form or by any means, electronic, mechanical, photocopying, recording, or otherwise, without the written prior permission of the author.

Note for Librarians: A cataloguing record for this book is available from Library and Archives Canada at www.collectionscanada.ca/amicus/index-e.html
ISBN 1-4120-8411-3

Printed in Victoria, BC, Canada. Printed on paper with minimum 30% recycled fibre. Trafford's print shop runs on "green energy" from solar, wind and other environmentally-friendly power sources.

Offices in Canada, USA, Ireland and UK
This book was published *on-demand* in cooperation with Trafford Publishing. On-demand publishing is a unique process and service of making a book available for retail sale to the public taking advantage of on-demand manufacturing and Internet marketing. On-demand publishing includes promotions, retail sales, manufacturing, order fulfilment, accounting and collecting royalties on behalf of the author.

Book sales for North America and international:
Trafford Publishing, 6E–2333 Government St.,
Victoria, BC V8T 4P4 CANADA
phone 250 383 6864 (toll-free 1 888 232 4444)
fax 250 383 6804; email to orders@trafford.com
Book sales in Europe:
Trafford Publishing (UK) Limited, 9 Park End Street, 2nd Floor
Oxford, UK OX1 1HH UNITED KINGDOM
phone 44 (0)1865 722 113 (local rate 0845 230 9601)
facsimile 44 (0)1865 722 868; info.uk@trafford.com
Order online at:
trafford.com/06-0166

10 9 8 7 6 5 4 3

un assaggio di passione
poesie d'amore

a taste of passion
love poems

Garry Anthony Priam

Cara Mary!
  Spero che ti piaccia il mio libro!
Un grande abbraccio!
                                    '07

ai due mondi che mi incantano:
l'Italia e il Canada

to the two worlds that enchant me:
Italy and Canada

Vorrei ringraziare tutti che hanno creduto in me!
(I would like to thank everyone that believed in me!)

Le poesie e il disegno del libro - Garry Anthony Priam
(Poems and Book design - Garry Anthony Priam)

Disegnatori della copertina del libro
Garry Priam e Channon Pedersen

(Book Cover Designers
Garry Priam and Channon Pedersen)

realizza i tuoi sogni...

live your dreams...

un assaggio di passione...	2
a taste of passion...	119
biografia · biography...	133
dedica · dedication...	136
incatevoli - enchanting...	139

si muove come fosse una cosa viva...
è calda come la sabbia del sahara...
mi intriga...
mi attira...

mi chiama come i fari che guidano i pescatori persi...
finalmente so cos'è...

è l'anima tua che mi intrappola...
mi insegue...

mi schernisce come il cacciatore con la preda ferita che aspetta il colpo letale...
so che dovrò ubbidirle alla fine...
perché è ciò che voglio in fondo...

it moves like it's something alive...
hot like the sands of the sahara...
it intrigues me...
attracts me...

it calls to me like the lighthouses that guide lost fisherman...
finally i know what it is...

it's your soul that entraps me...
it pursues me...

taunting me like the hunter with the wounded prey that waits for the lethal blow...
i know that i will have to obey it in the end...
because it's all that i desire...

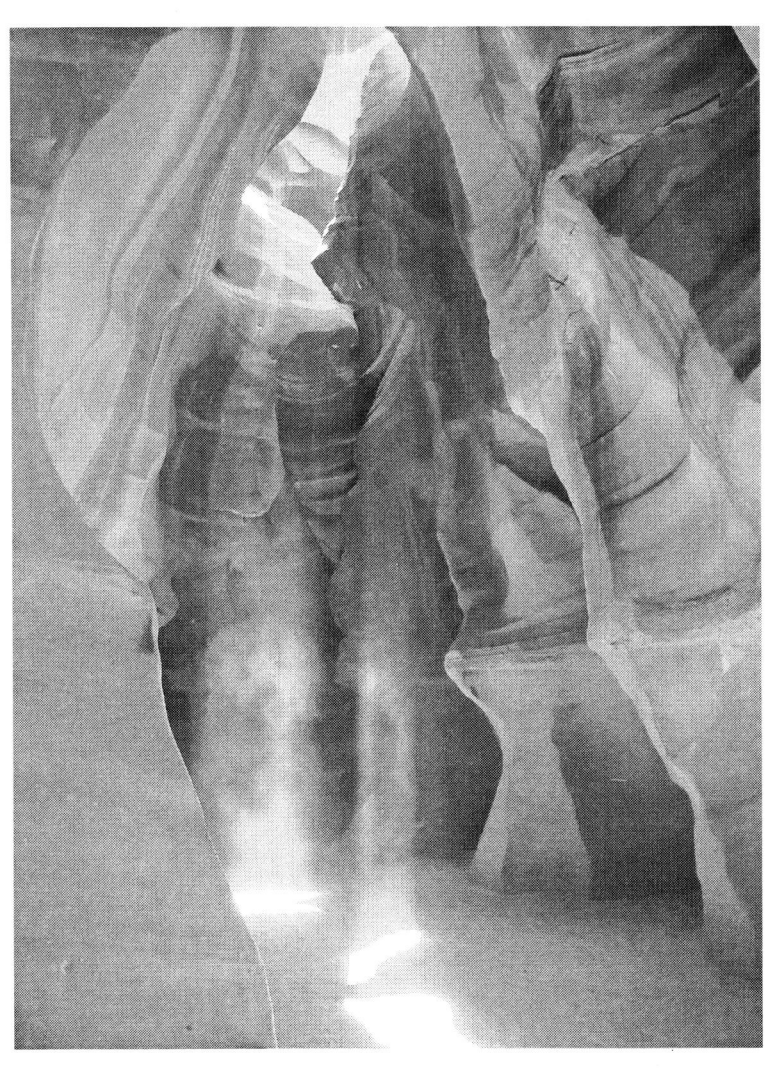

c'è sempre il desiderio di esserti vicino...

        per sentire il tuo respiro...

        il calore del tuo corpo e ...

        la morbidezza della tua pelle...

ho bisogno delle tue labbra affamate e delle tue dita che

        sfiorano il mio corpo...

accendendo il fuoco nascosto in me...

---

there is always the desire to be close to you...

        to feel your breath...

        the heat of your body...

        the softness of your skin...

i need your ravenous lips and your fingers that stroke

        lightly against my body...

igniting the fire hidden within me...

è alla tua portata...

           soltanto tua...

                      ti implora...

e in cambio ti darà tutto ciò che ha...

           la passione...

                      il cuore...

l'anima e...

           l'amore...

---

it's within your reach...

           only yours...

                      imploring you...

and in return it will give everything that it has...

           passion...

                      it's heart...

it's soul and...

           it's love...

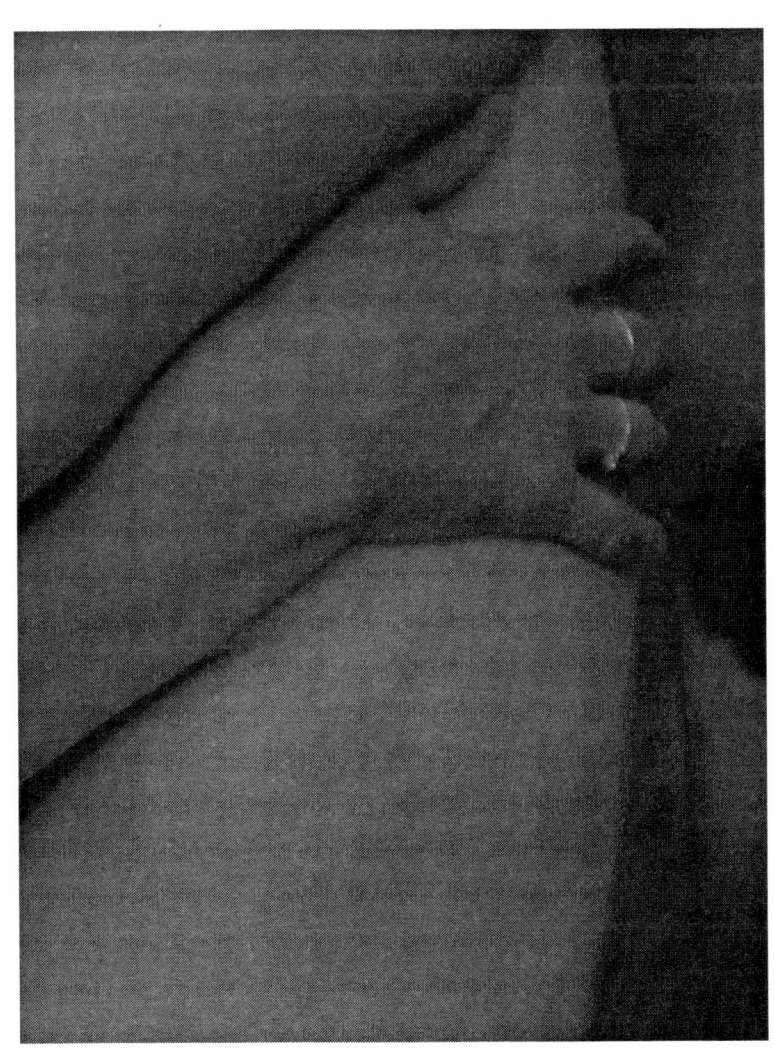

voglio sentire l'odore della tua pelle…

voglio sentire la tua pelle sulle mie labbra…

voglio sentire il tuo fiato che scotta sul mio collo…

voglio sentire il calore del tuo corpo sul mio corpo…

…nel mio corpo…

voglio sentire la tua lingua sulle mie labbra…

voglio sentirti sussurare il mio nome…

voglio…

---

i want to breathe in the scent of your skin…

i want to feel your skin on my lips…

i want to feel your breath that scorches my neck…

i want to feel the heat of your body on my body…

…inside my body…

i want to feel your tongue on my lips…

i want to hear you whisper out my name…

i want…

lo senti…?

l'ho appena sentito…

lo senti…?

lo sento io…

ascolta bene…

lo senti…?

è un rumore indimenticabile…

lo senti…?

è il vento che ulula il tuo nome…

lo senti…?

---

you hear it…?

i just heard it…

you hear it…?

i hear it…

listen well…

you hear it…?

it's an unforgettable sound…

you hear it…?

it's the wind that howls out your name…

you hear it…?

le nostre vite sono legate…

      sono diverse ma contemporaneamente unite…

            ci apparteniamo…

---

our lives are bound together...

      they are diverse but completely connected…

            we belong to each other…

il profumo del fiore selvatico mi fa inebriare…

        mi fa ubriacare col sua fragranza intensa…

mi rende debole e sbalordito…

        seduce persino l'anima mia…

    mi costringe a bere il suo nettare così dolce…

    the perfume from the wildflower intoxicates me…

      makes me inebriated with it's intense fragrance….

it makes me weak and dazes me….

        seducing even my soul….

    impelling me to savour it's nectar so sweet….

inizia e finisce sulla riva...
　　dove il potere del mare e la forza della terra si sfidano...
　　si rispettano entrambi ma sono avversari fino in fondo...
l'acqua si stende nell'aria verso il paradiso...
　　è illuminata dal faro che fornisce una luce penetrante...
la torre non pare legata alle rocce ma galleggia e dondola
al ritmo delle onde...
l'oceano la ammansisce con la sua musica armoniosa...
la fiaccola incantevole conduce la sinfonia soave che guida
i vascelli perduti all'incolumità...

it begins and ends on the shore...
　　where the force of the sea and the power of the land
confront one other...
　　each respecting the other but are adversaries until the
end...
water strains out towards the heavens...
　　illuminated by a lighthouse that supplies a penetrating
light...
the tower seems detached from the rocks and floats and
sways to the rhythm of the waves...
　　the ocean soothes it with it's harmonious music...
conducting a sweet symphony the enchanted torch guides
the lost vessels to shelter...

fresco ancora…

rivela la sua prossimità…

l'afrodisiaco irresistibile crea una traccia ammaliante…

che indugia ancora nell'aria provenendo dalla caverna…

guidato dal profumo affascinante e dalla secrezione

dolce…

tremo proprio davanti la fessura constretto ad entrare…

…per immergermi nel suo nettare succulente…

---

still fresh…

revealing it's proximity…

the irresistible aphrodisiac creates the enticing trail…

originating from the cavern it still lingers in the air…

guided by the captivating perfume and the sweet

secretion…

i tremble before the aperture needing to enter…

…to immerse myself in her succulent nectar…

attorcigliamo i nostri corpi assieme fino a quando si sciolgono dal calore e dalla lussuria diventando uno solo…

cosicchè…

    respirerò quando respiri tu…

    batterà il mio cuore quando batte il tuo…

    vedrò quello che vedi tu… e

    amerò tutto ciò che ami tu…

---

let us intertwine our bodies until they melt together from the heat and the lust becoming one…

such that…

    i will breathe when you breathe…

    my heart will beat when your heart beats…

    i will see everything that you see… and

    i will love everything that you love…

ti sento qui come tu fossi una parte di me…

vivimi…

sono come un fanciullo davanti a te che vorrebbe perdersi

nei tuoi occhi marroni e profondi…

prendimi…

---

i feel your presence like you're a part of me…

live me…

i'm like a child that stands before you wanting to get lost

in your deep passionate brown eyes…

take me…

non è necessario…

non c'è bisogno…

non dicono una parola…

le parole ormai non servono più…

dialogano con gli occhi…

communicano con i loro corpi…

c'è l'attesa di danzare e bramano questo momento…

ondeggiano al ritmo della musica e l'amplesso che scatena

la voglia…sono sopraffatti dall'estasi

che appicca il loro fuoco…

---

it's not necessary…

not really any need…

not a word is said…

words are no longer needed…

they converse with their eyes…

communicate with their bodies…

wanting to dance and yearning for this moment…

swaying to the rhythm of the music and the pulsations that

incite the desire…overwhelmed with ecstasy

which ignites their flames within…

nuota con me nel mare che non finisce mai…

                                             lasciati galleggiare…

ti aiuto…

                 ti metto sulla mia schiena…

                                    non devi più nuotare…

sono io la tua guida…

---

swim with me in the ocean that never ends…

                                                float…

i'll support you…

                 i'll carry you on my back…

                       there is no need to swim any longer…

as i am your guide…

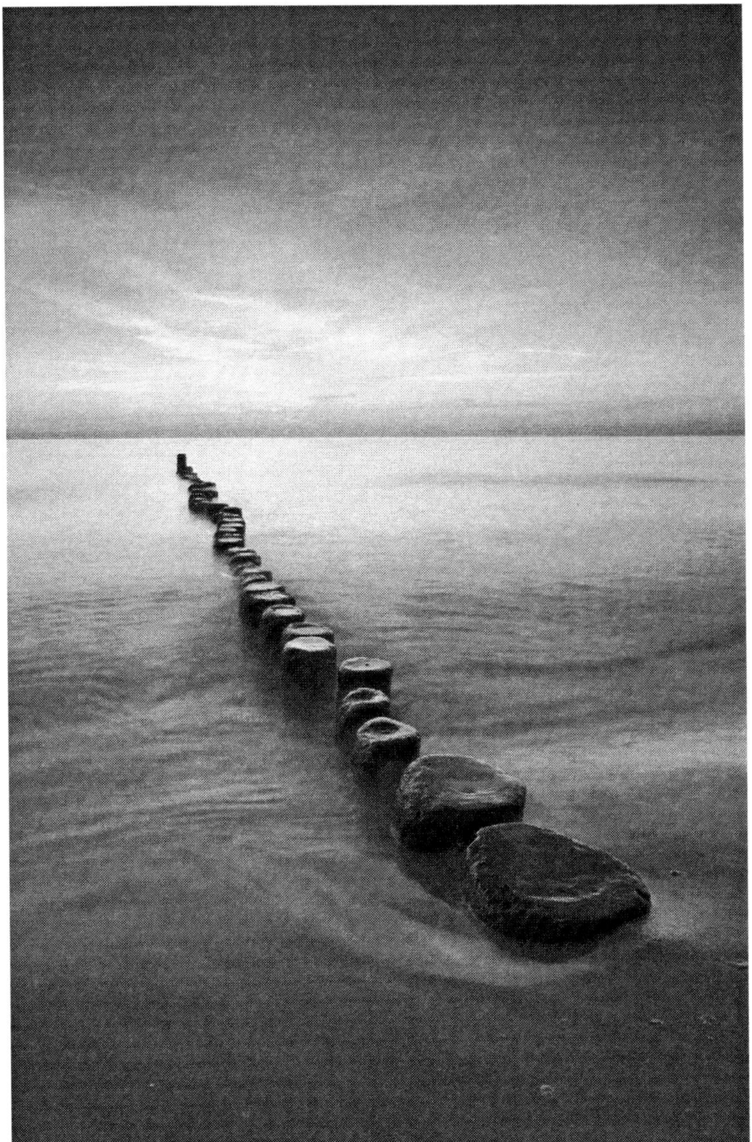

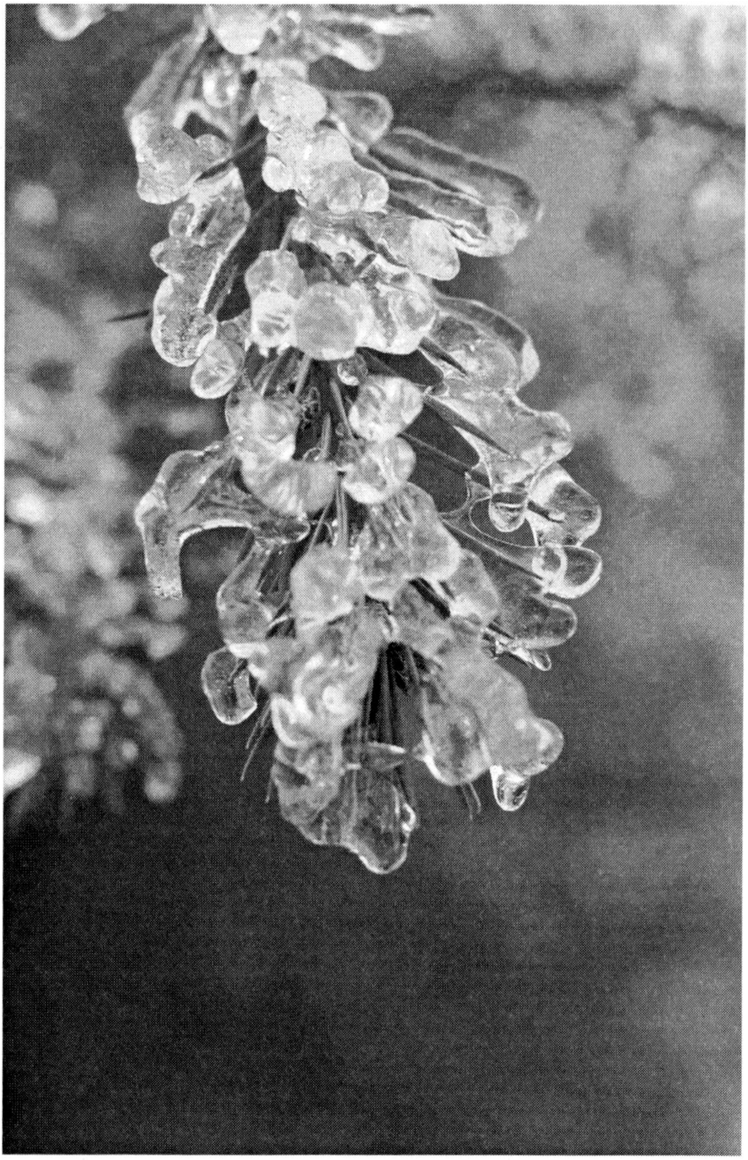

sento il freddo asciutto sulla mia faccia…
mi leniscono i cristalli del ghiaccio che acuiscono i miei sensi…
la neve copre tutto ciò che tocca formando una specie di barriera…
i fiocchi sembrano immoti ma sotto la superficie si spostano continuamente…
so che in qualche modo siamo in armonia…
aspettavo questo fenomeno nevoso che mi permetterà di sopravvivere…

---

i sense the dry cold upon my face…
crystals of ice soothe me heightening my senses…
snow enshrouds all that it touches creating a barrier…
flakes seem motionless except below the surface they move continuously…
knowing that in some way we are in harmony…
i've waited for this snowy phenomenon essential for my survival…

vedi la pioggia che danza dal cielo…?

vedi le gocce che puliscono la terra…?

        senti la musica soave che suona intorno…?

        senti la dolcezza dal profumo inconfondibile…?

questa pioggerella indugia maestosamente dal celeste…

    che riesce a scatenare i poteri dei fiumi…

    come hai fatto con le mie emozioni…

---

see the rain dancing in the sky…?

see the drops purifying the earth…?

        hear the sweet music that plays all around us…?

        smell the sweet unmistakable aroma…?

misty rain lingers majestically from the heavens…

    unleashing the power of the river waters…

    reminiscent of what you've done with my emotions…

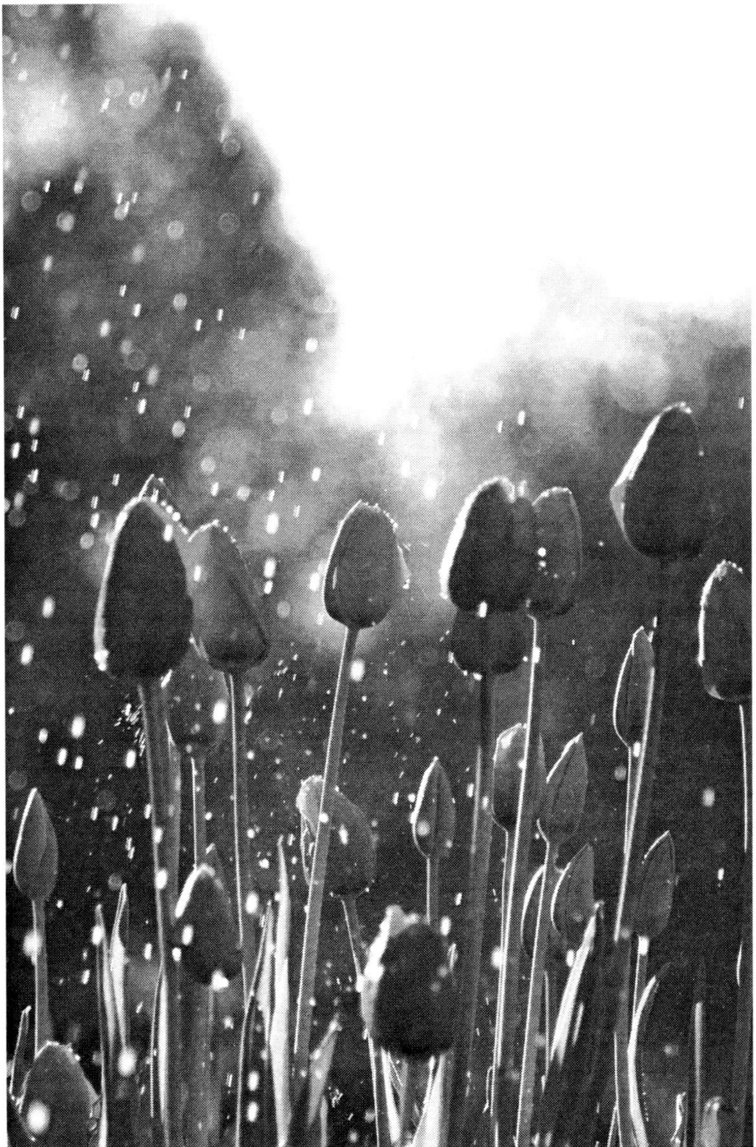

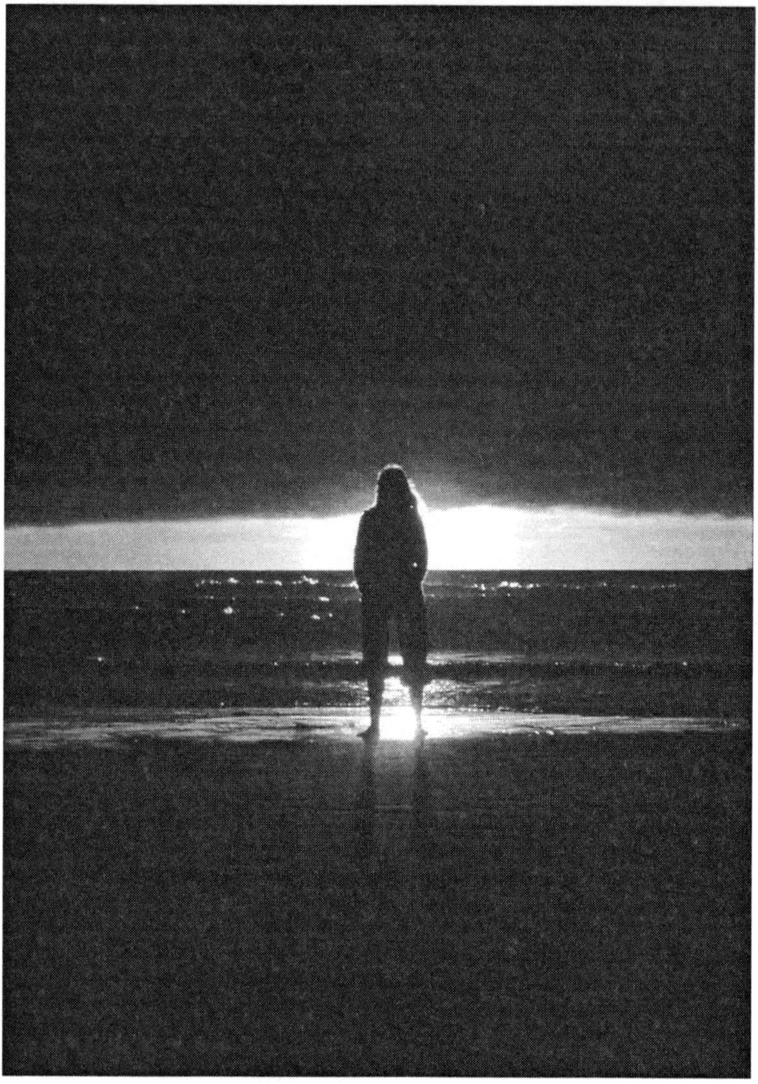

ieri ti ho incontrato…

        stanotte ti ho sognato… e

                oggi spero di amarti…

---

yesterday i met you…

        last night i dreamt about you… and

                today i hope to love you…

è quasi il crepuscolo…

è l'ora degli abitanti della notte che sono sempre affamati e in cerca di preda…

all'improvviso si scatena la voglia selvaggia e perdono il controllo dei propri sensi essendo già consumati della concupiscenza e della voracità…

facciamo parte di questa società notturna e dobbiamo ubbidire a questo richiamo della natura…

---

almost dusk…

time for the ravenous dwellers of the night to seek their quarry…

already consumed by lust and voracity wild desire is unleashed in an instant as they lose control of their senses …

co-existing in this nocturnal society we are compelled to obey…

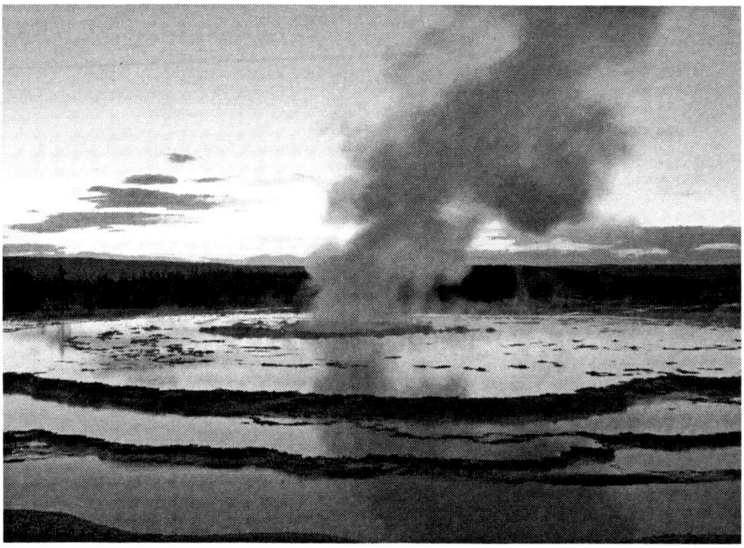

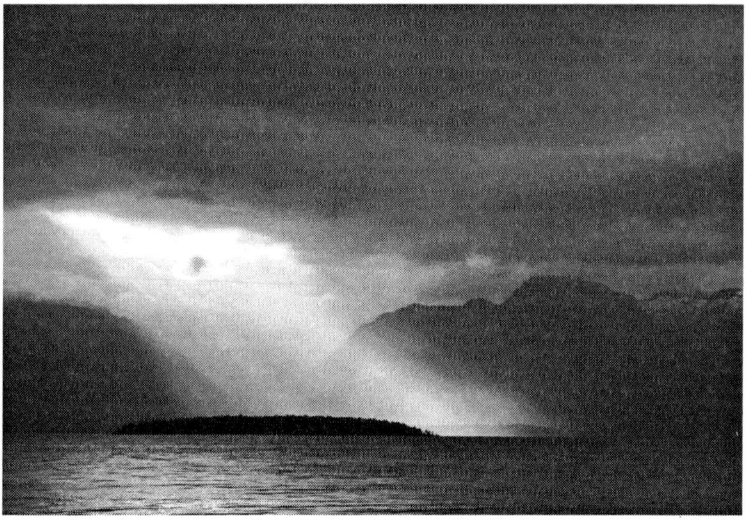

lacrime scendono giù senza fine...
la pioggerella bagna la terra assetata diventando
un'acquazzone pericoloso...
sai che ti serve un rifugio da questa tempesta...
istintivamente guardi all'orizzonte per un segno...
e vedi una luce che è riuscita a penetrare il buio...
il raggio diventa più luminoso spandendosi ovunque...
ti circonda riscaldandoti col suo calore...
questo è il nostro amore eterno che ti protegge dandoti
la forza per affrontare qualunque cosa...

---

tears stream down without end...
rain soaks the arid land becoming a parlous torrent...
a refuge from the storm is needed...
instinctively you look towards the horizon for a sign...
a shaft of light penetrates the darkness...
becoming more luminous spreading out everywhere...
surrounding and blanketing you with it's heat...
this is our eternal love that protects and gives you
the strength to confront any obstacle...

portami via con te...

andiamo dove non saremo raggiungibili...

partiamo subito seguendo i nostri cuori fermandoci

soltanto quando realizziamo i nostri sogni...

---

take me away...

going where no one can reach us...

leaving now following our hearts and stopping

only when we realize our dreams...

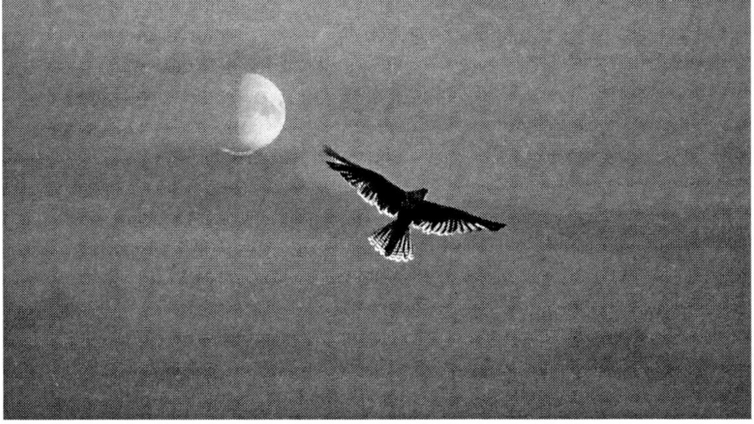

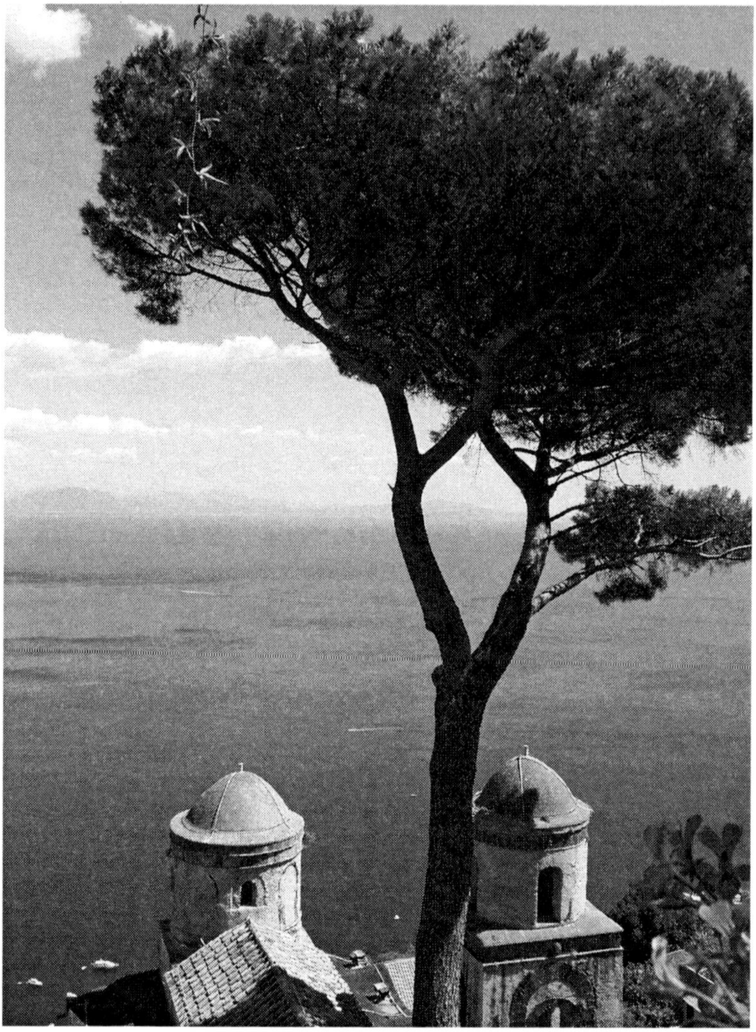

non devi chiederti dove sono...

non c'è bisogno di cercarmi...

guardati dentro e mi sentirai...

sono nel tuo cuore e nella tua anima...

io sono e sarò per sempre una parte di te...

---

you don't have to wonder where i am...

no need to search for me...

look inside yourself and feel me...

i'm in your heart and your soul...

i am and always will be a part of you...

a volte bisogna ascoltare le nostre esigenze e

seguire i nostri cuori…

a volte bisogna realizzare e vivere i nostri sogni…

a volte bisogna reagire e avere il coraggio di

prendere la propria vita in mano…

a volte dobbiamo esprimere i nostri desideri…

a volte dobbiamo amarci di più…

a volte…

---

sometimes we need to listen to our wants and follow our

hearts…

sometimes we need to realize and live out our

dreams…

sometimes we need to react and have the courage

to take life by the hand…

sometimes we need to express our desires…

sometimes we have to love ourselves more…

sometimes…

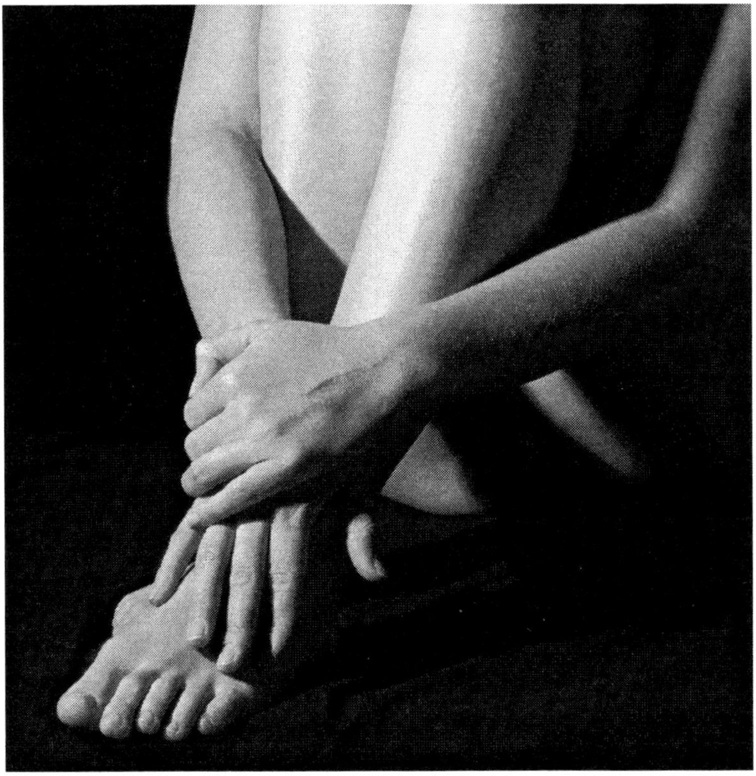

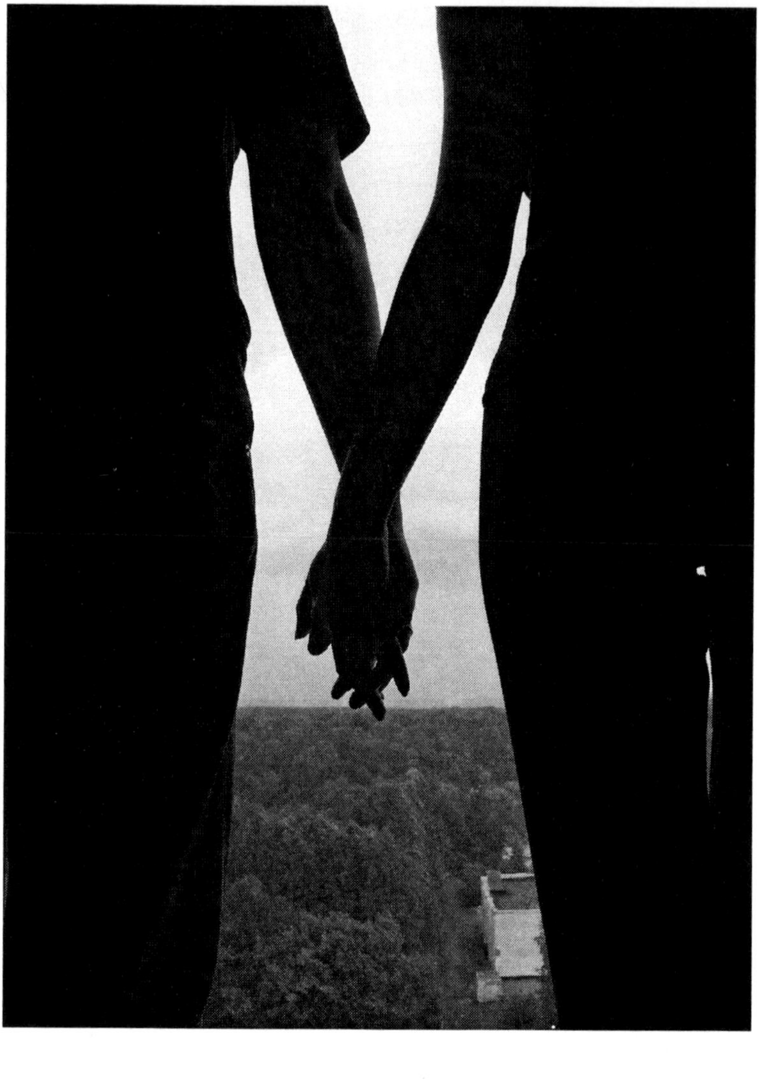

concedimi soltanto una cosa…

lasciati andare scoprendo tutto ciò che offre il mio

mondo… e in cambio ti farò entrare nel mio cuore

amandoti eternamente…

---

grant me one thing…

let yourself go discovering everything my world has to

offer… in exchange i'll welcome you into my heart

loving you eternally…

i nostri occhi si incontrano per caso...

c'è un feeling inspiegabile creato da questo momento

magico...

sappiamo noi due di non poter negare questa attrazione e

questa voglia...

già sbronzi dall'attesa dobbiamo vivere questa

meravigliosa favola...

---

our eyes meet by chance...

there's an unexplainable feeling created by this magical

moment....

knowing that we can't deny this attraction and this

yearning...

already intoxicated by the wait living this incredible

fairytale...

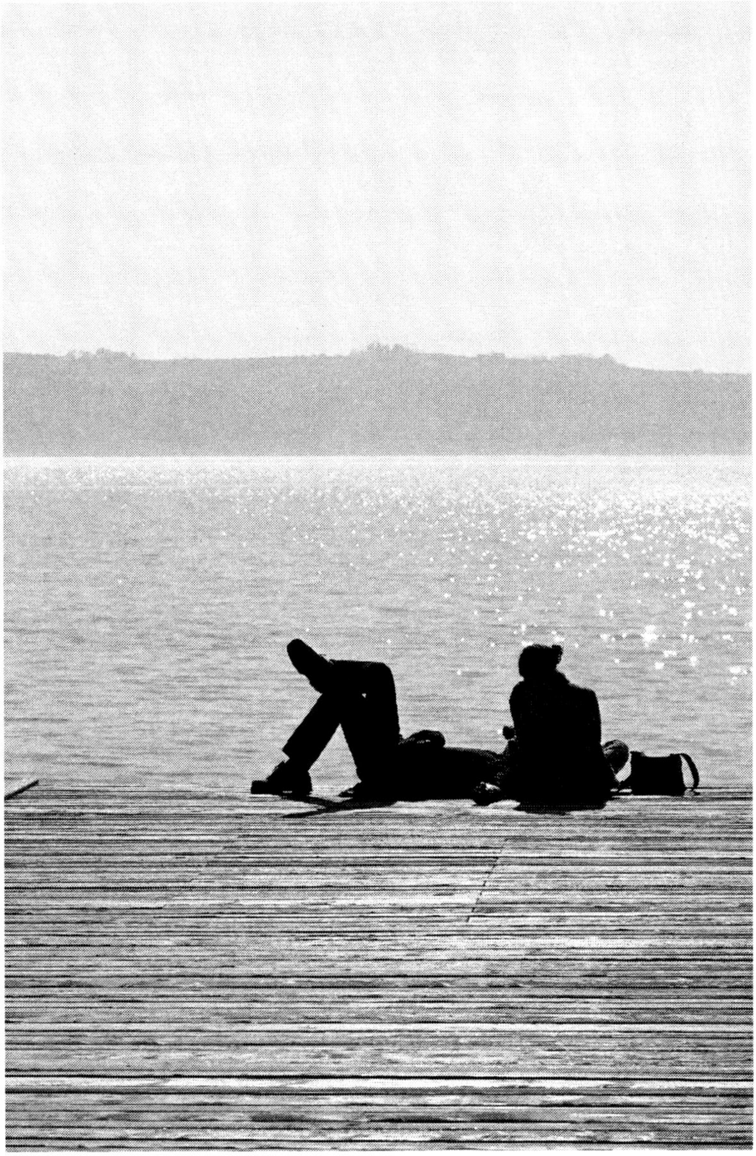

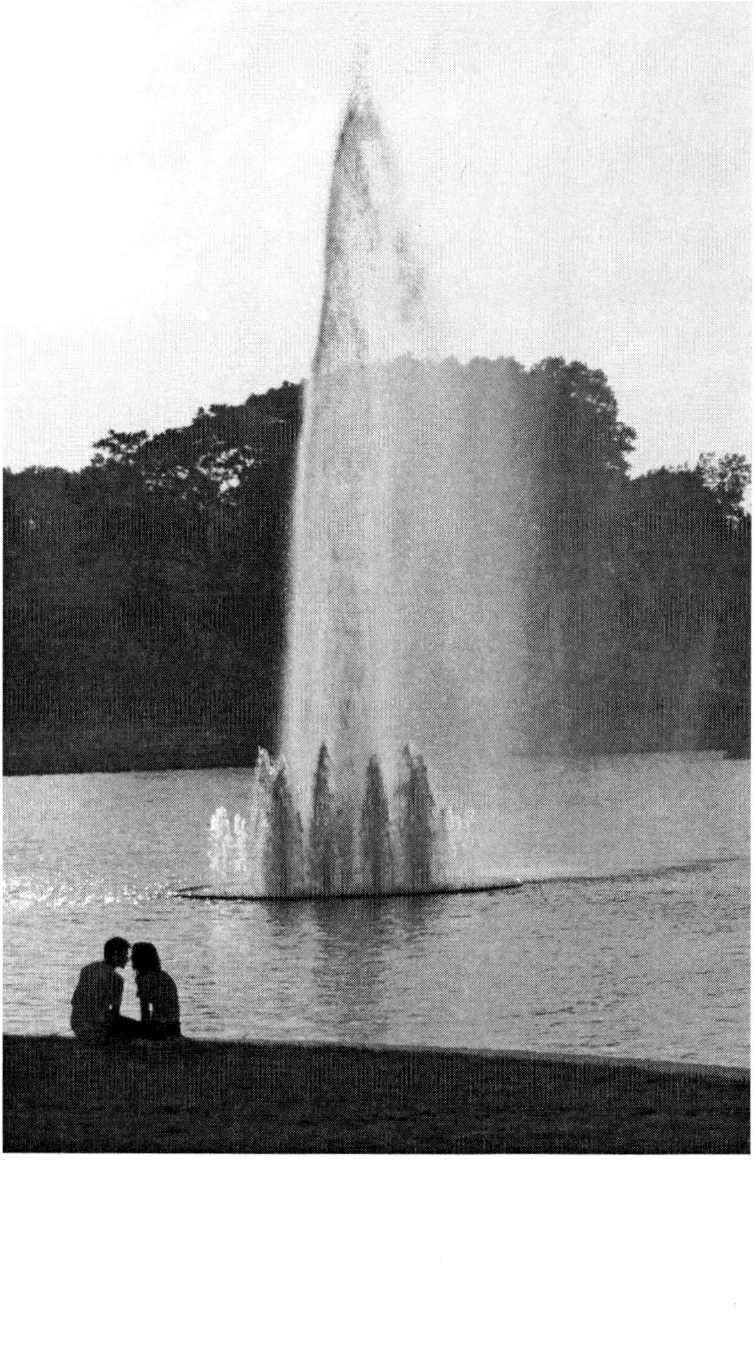

la musica della danza inizia e termina sempre con gli occhi…

il ritmo della canzone suscita il desiderio risvegliando i sensi…

ma alla fine è la passione degli amanti che conduce il balletto ardente…

---

the music of the dance always commences and terminates with the eyes…

the rhythm of the dance arouses the desires reawaking the senses…

but in the end the lover's passion conducts the ardent ballet…

il cielo toglie la maschera…
la luna si allontana allorché l'alba e il tramonto si affrontano…
si giovavano l'un l'altro essendo perfettamente sintonizzati…
ormai l'aria e la terra sono squilibrate…
sembra un'allucinazione questo squilibrio…
questa stregoneria é affiorata nel momento in cui mi sei apparsa…
hai sconvolto l'armonia ciò nonostante non voglio fuggire…

---

the sky removes it's mask…
as the moon turns away when dawn and sunset confront one other…
needing each other as they were perfectly synchronized…
now the air and the earth are unbalanced…
the hallucination creates a disturbance…
this sorcery surfaced the moment you appeared to me…
altering the harmony nevertheless i don't want to escape…

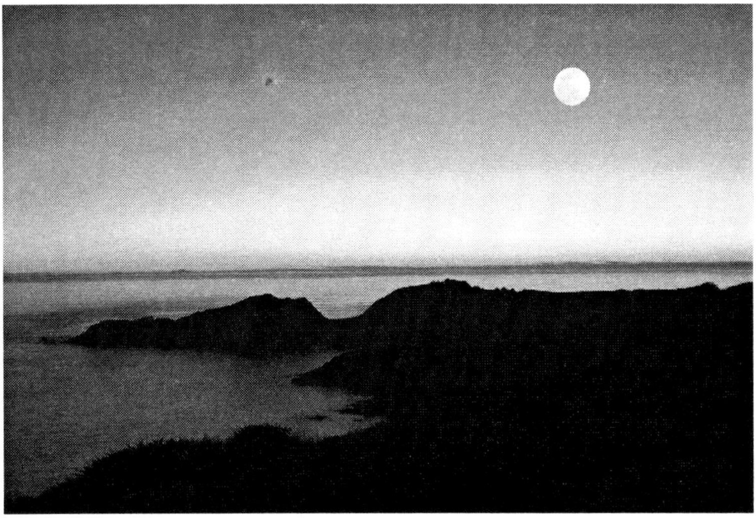

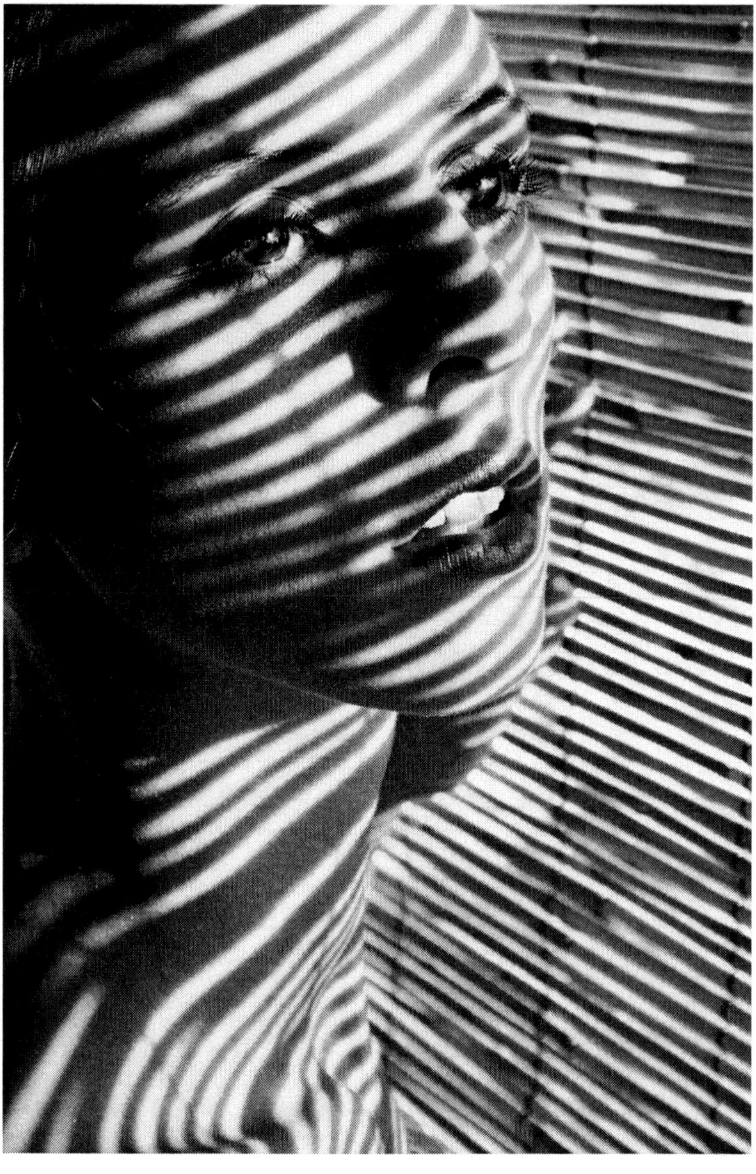

non aver paura…

non nasconderti…

lasciati andare…

lasciati scoprire…

lasciati amare…

lasciati vivere…

vivimi…

---

don't be afraid…

don't conceal yourself…

let yourself go…

allow yourself to discover…

allow yourself to love…

allow yourself to live…

live me…

qui...

là...

dovunque...

inseparabili...

infrangibili...

legami...

noi...

---

here...

there...

wherever...

inseparable...

unbreakable...

united...

us...

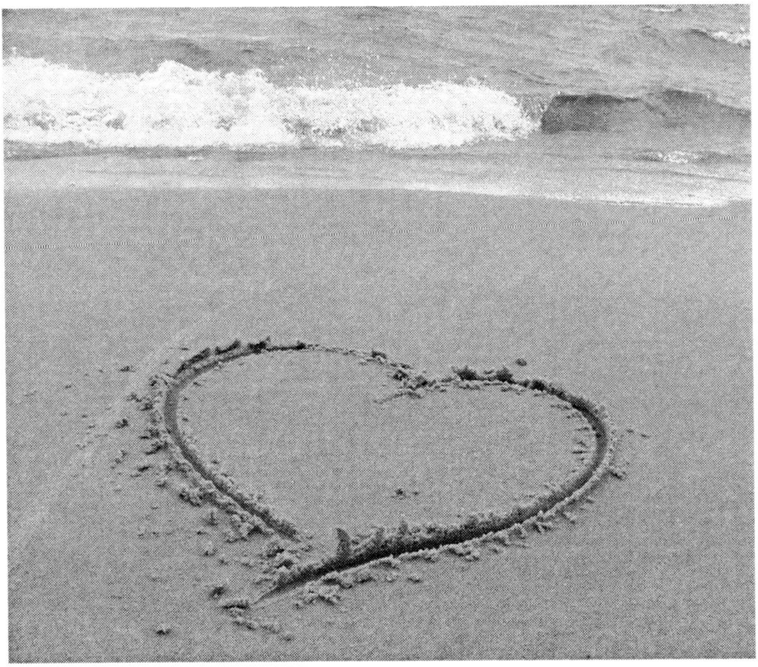

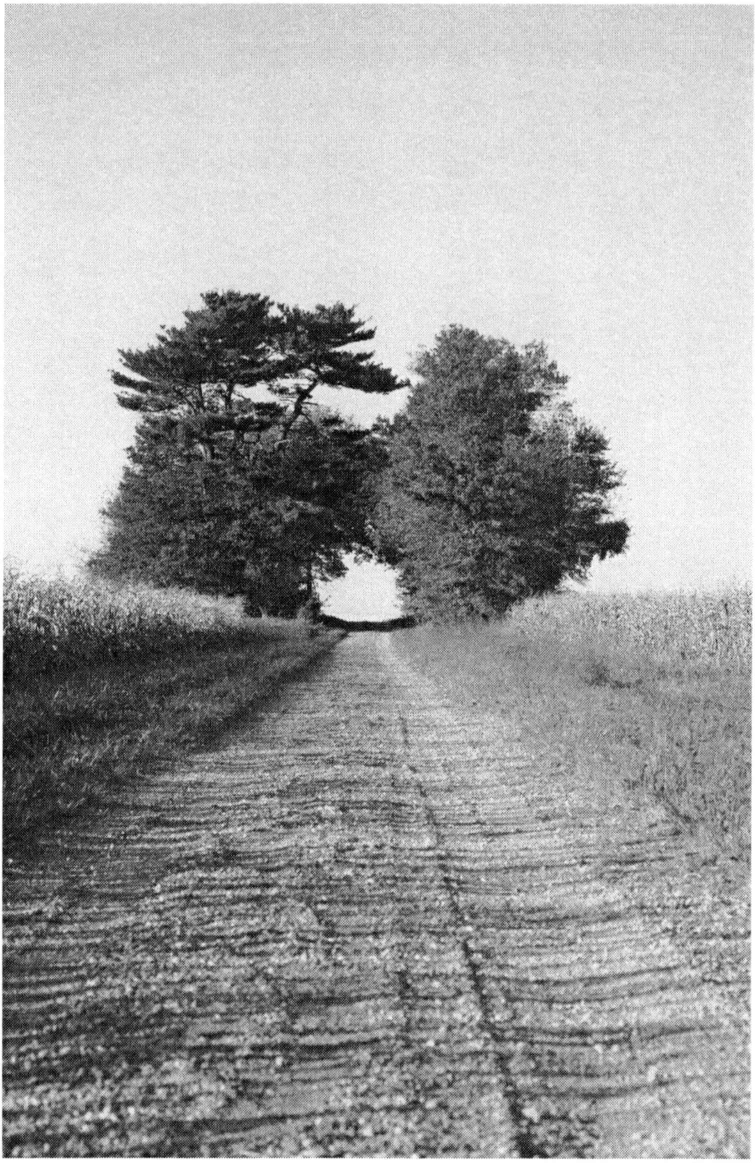

     non so cosa porterà domani…

ma so che oggi voglio respirarti…

    il tuo essere…

    l'anima tua…

    il tuo cuore…

      non lasciamo nulla di intentato…

siamo quasi al punto culminante e questo è soltanto

l'inzio…

---

     i don't know what tomorrow will bring…

but i know that today i want to breathe you…

    your being…

    your soul…

    your heart…

      leaving nothing to chance…

almost at the point of ecstasy and this is just the

beginning…

è tutto calmo e tranquillo…

è l'alba di un nuovo giorno…

c'è un bozzolo penzolante dal ramo…

la brezza soffia delicatamente facendolo oscillare con impotenza…

all'improvviso il guscio inzia a tremare…

nasce una farfalla di una bellezza mozzafiato pronta a volare e scoprire…

il cielo ti aspetta…

vola via e danza sul mondo…

---

completely calm and tranquil…

dawn of a new day…

a cocoon hangs from the branch…

oscillating helplessly from the delicate breeze…

without warning the shell begins to tremble…

a breathtaking butterfly is born ready to

fly and discover…

the heavens await you…

fly away and dance on the world…

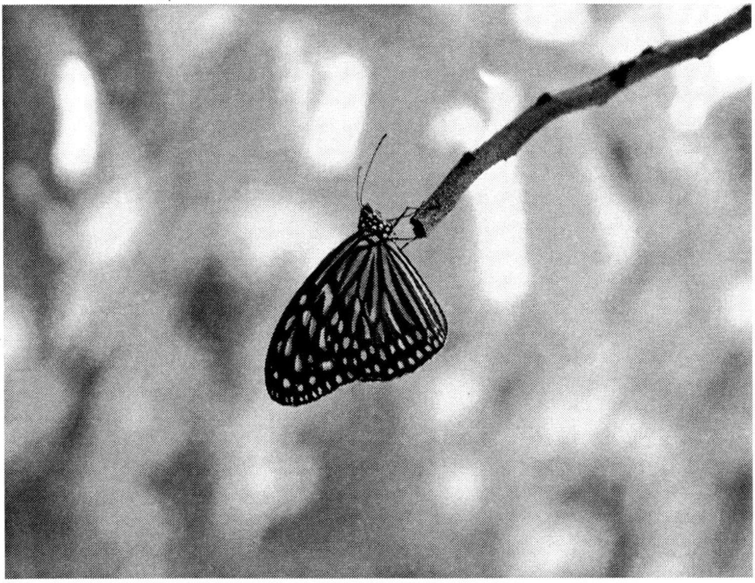

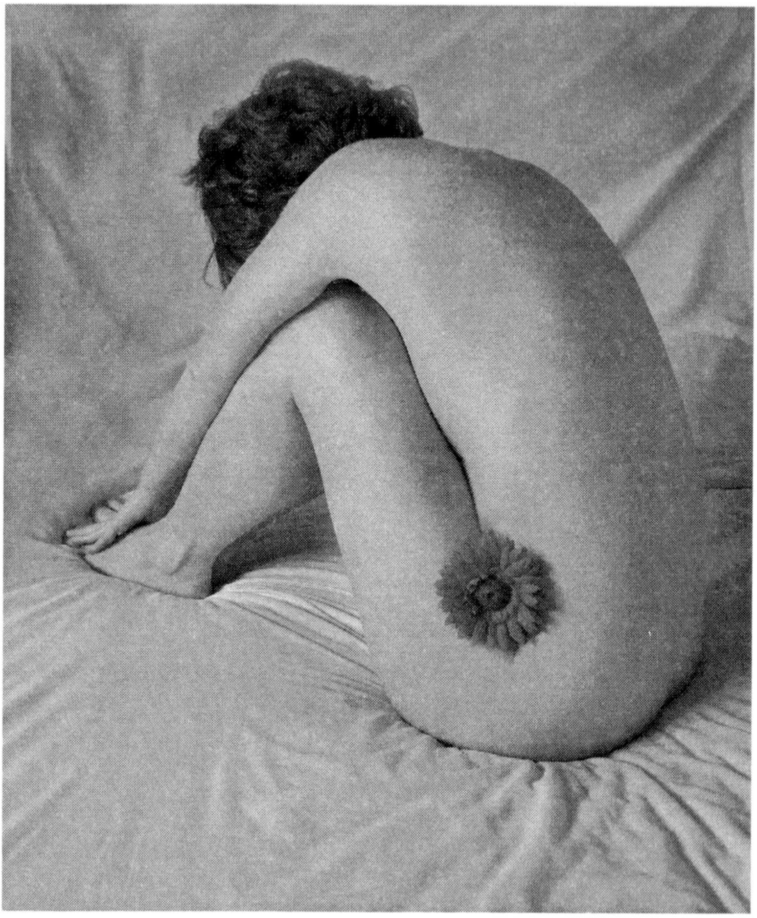

la sua essenza mi incanta…

                                              il suo profumo mi alletta…

                  la sua fragranza mi sopraffà…

---

her essence enraptures me…

                                              her perfume bribes me…

                  her fragrance overwhelms me…

è penombra tra l'alba e il tramonto…
c'è il buio e la luce comtemporaneamente…
non c'è nessuno scampo trovandomi sul filo di rasoio…
sono confusi i miei pensieri…
sono tormentato da questo carico…
sento un sussurrio interminabile…
lo seguo come un lacchè ubbidiente…
è il mio destino…
mi avvicino come una falena ad un falò…
sei la mia luce che illumina il mio mondo…

---

it's twilight the coitus of sunup and sundown…
in the midst of both the darkness and the light…
finding myself with no escape on the razor's edge…
my thoughts are confused…
tormented by this burden…
i hear an undeterminable whisper…
and follow it like an obedient lackey…
it is my destiny…
drawn to it like a moth to a bonfire…
you are the light that illuminates my world…

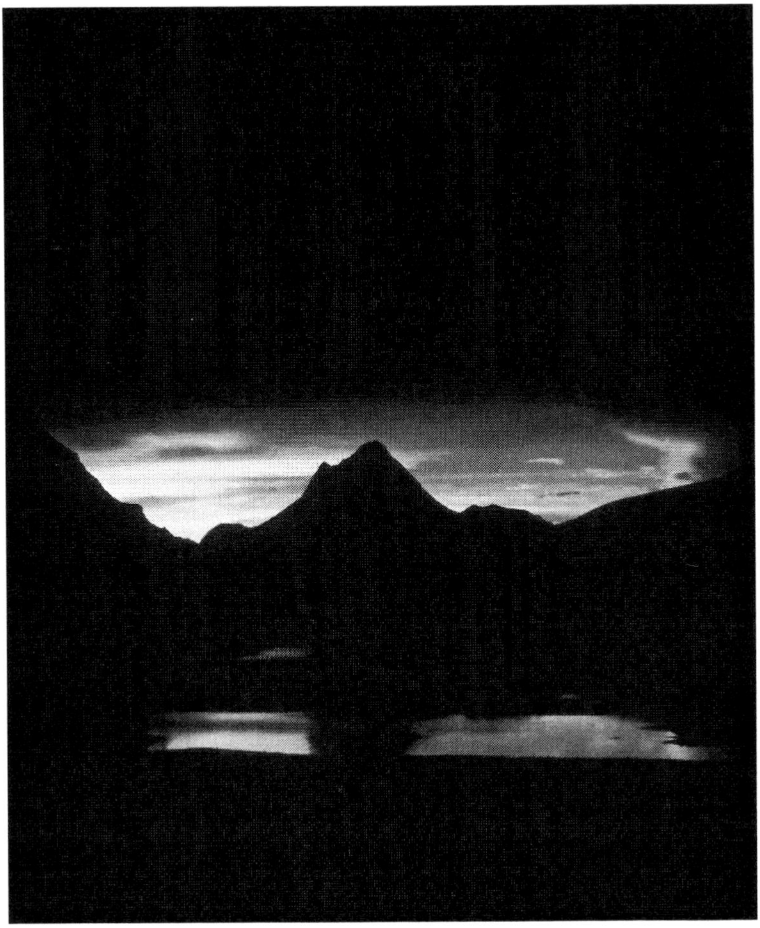

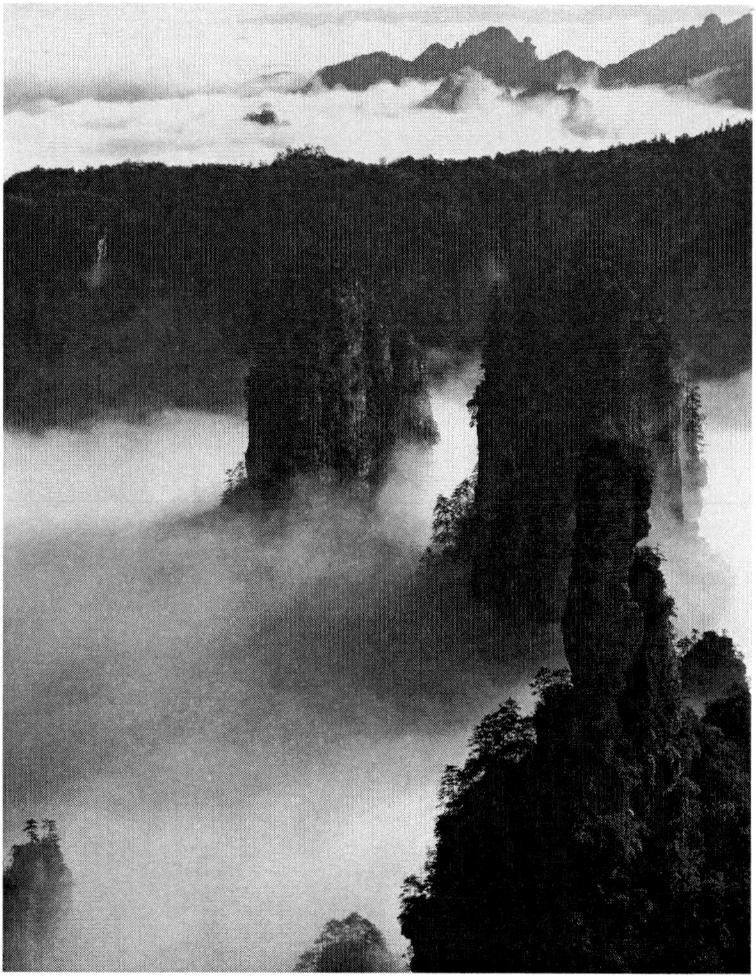

planano appena sopra le nuvole toccando delicatamente le punte della foschia...
si muovono insieme mentre cercano di sfidare il vento...
intanto rubano delle gocce preziose che dovevano essere consegnate...
a prescindere dalle conseguenze loro vanno avanti senza paura nè rammarico...
sarebbe inutile fare altrimenti...
si concederanno eventualmente nel cuore della bufera...

---

gliding just above the clouds delicately touching the tips of the mist...
moving together whilst trying to conquer the wind...
meanwhile precious drops are stolen that were meant to be delivered...
regardless they soar on without fear nor regret...
it would be futile to do otherwise...
they will ultimately surrender themselves in the heart of the storm...

è circondata totalmente dall'acqua…

    le onde battono rosicchiandola instancabilmente senza pietà…

la inghiottiscono cercando di intaccare la fortezza…

    c'è sempre un rapace affamato che plana in alto sperando nell'opportunità di…

la forza del mare tenta di spingerla nell'abisso…

    ma prima di andare completamente alla deriva…

l'amore perenne le dà la forza per sconfiggere le acque agitate…

---

entirely surrounded by water…

    unrelenting waves batter and masticate without compassion…

attempting to swallow and carve out the fortress…

a hungry predator constantly glides up high hoping for the opportunity to…

forces of the sea strive to drive it into the abyss…

    but before completely drifting away …

eternal love provides the strength to conquer the troubled waters…

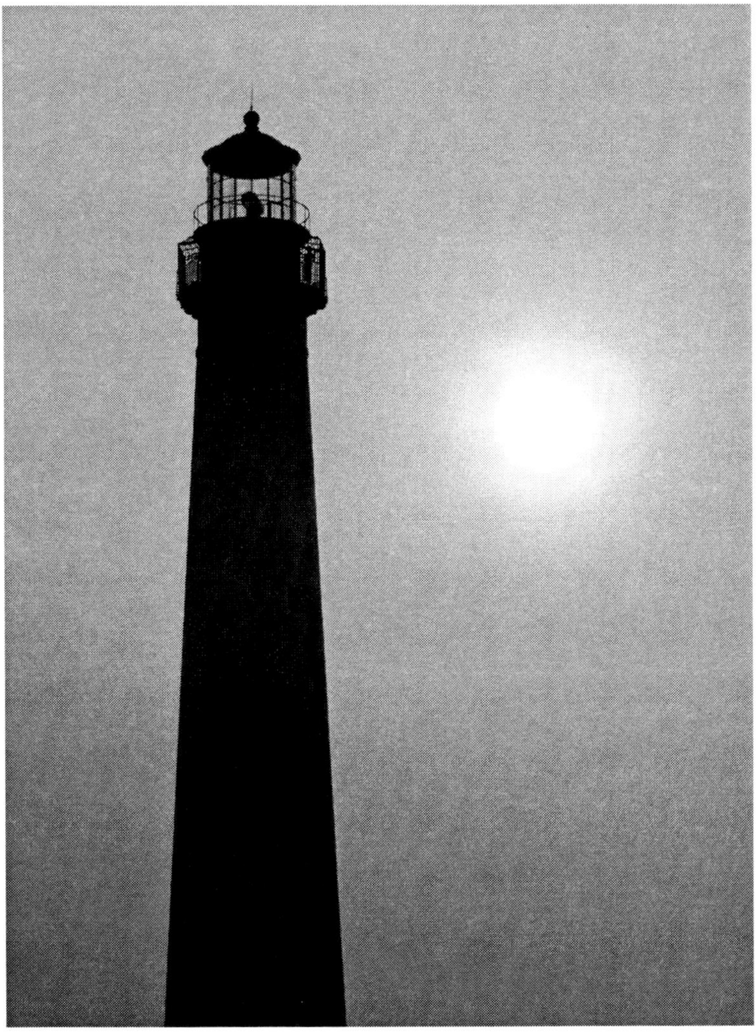

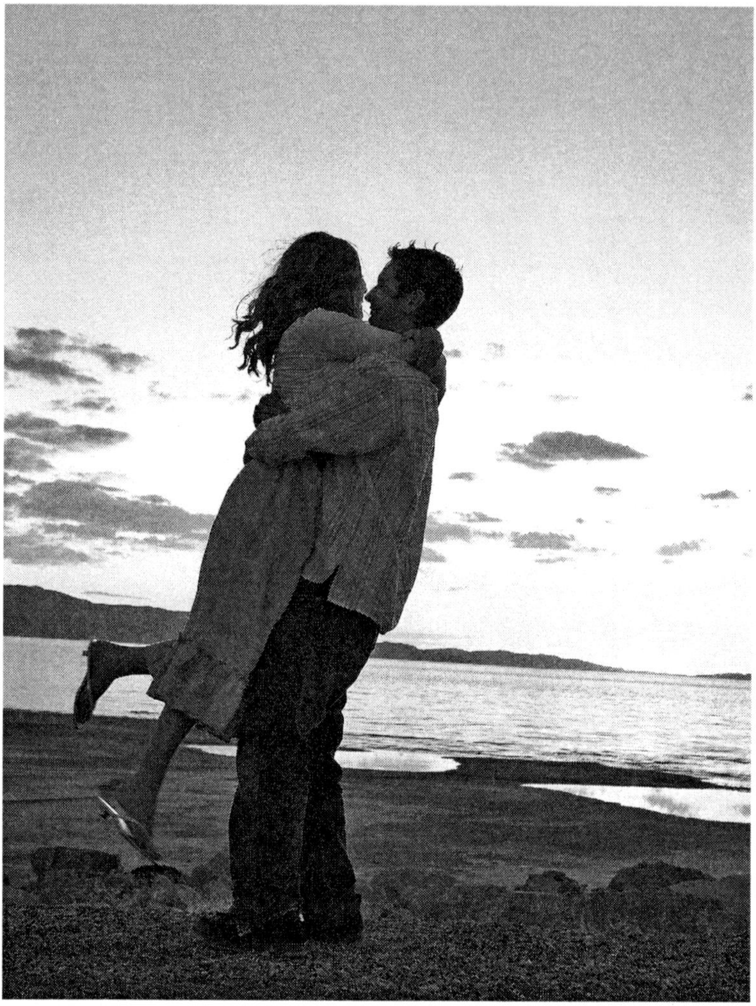

pensami...
guardami...
respirami...
coinvolgimi...
prendimi...
catturami...
sognami...
desiderami...
comandami...
baciami...
toccami...
vivimi...
amami...

---

think of me...
look at me...
breathe me...
involve me...
take me...
capture me...
dream of me...
desire me...
command me...
kiss me...
touch me...
live me...
love me...

guarda profondamente nell'acqua azzurra…

vedi il capolavoro del suo riflesso..?

è un bellissimo quadro dipinto sulle onde…

Dio creò una stella provvidenziale per la terra…

e tutto quello che è bello gira intorno a questo sole celeste…

---

gaze deeply into the azure-blue water…

see the reflection of the masterpiece…?

a beautiful painting on the waves…

God created a heaven-sent star for the earth…

and everything beautiful revolves around this celestial sun…

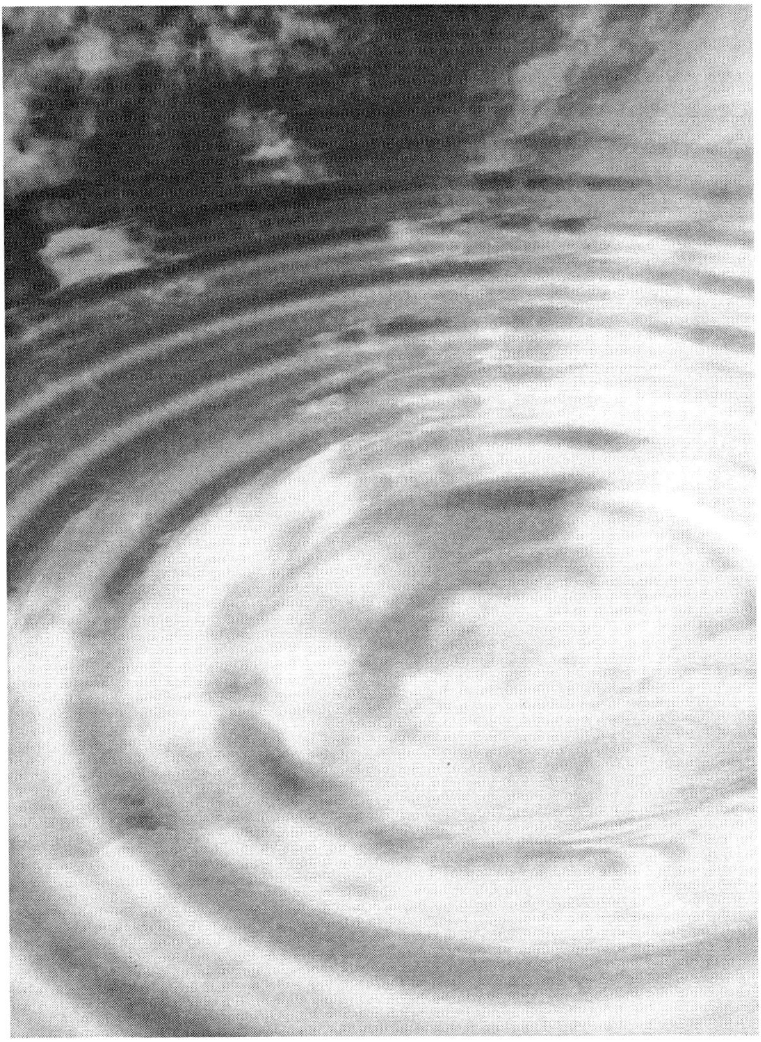

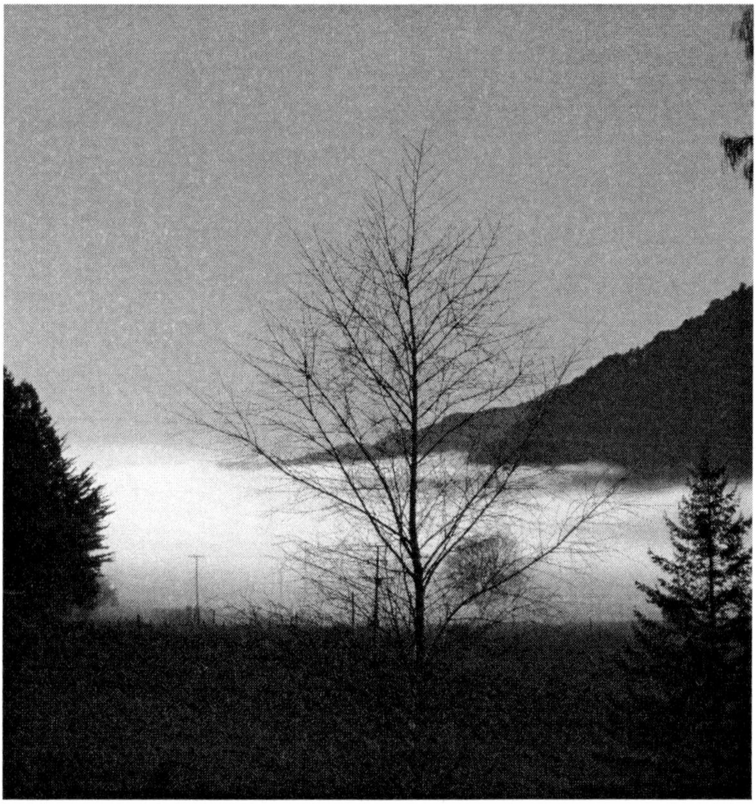

la bruma del mattino è talmente spessa che mi costringe di girovagare cecamente…

il mio cuore e la mia anima rabbrividiscono in questa tenebre fredda …

ambisco per il calore di una volta…

bramo il fuoco…

---

thick morning mist compels me to wander blindly…

my heart and my soul frisson in the cold darkness…

yearning for the warmth i used to have…

craving the torrid fire…

non è proprio chiusa…

non è nemmeno nascosta…

è proprio lì davanti a te…

aspettando e supplicandoti…

la porta è sempre stata là …

la chiave delle mie emozioni ce l'hai sempre avuta…

sono consapevole di essermi trattenuto…

ma se adesso tu bussassi ti aprirei…

---

it's not truly closed...

not really hidden...

it's right there in front of you...

waiting and pleading with you...

the door has always been there...

you've always had the key to my emotions...

aware that i've held myself back...

nevertheless if you were to try now

the door would be open...

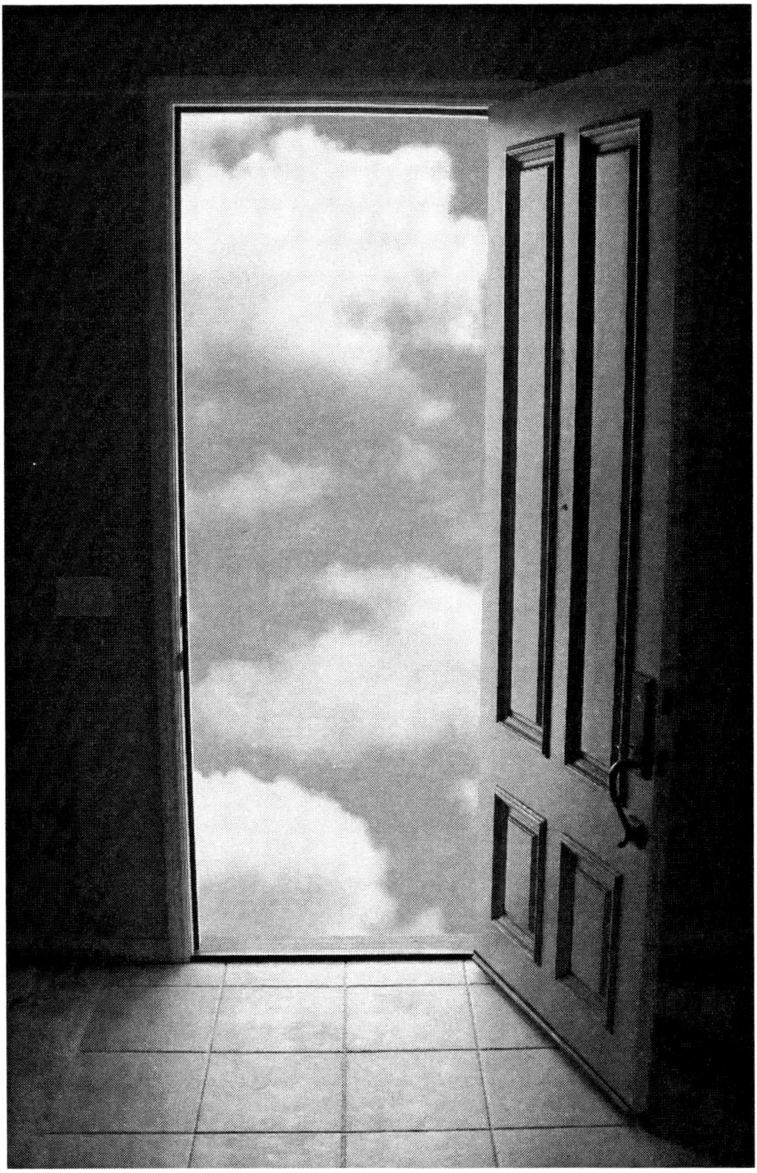

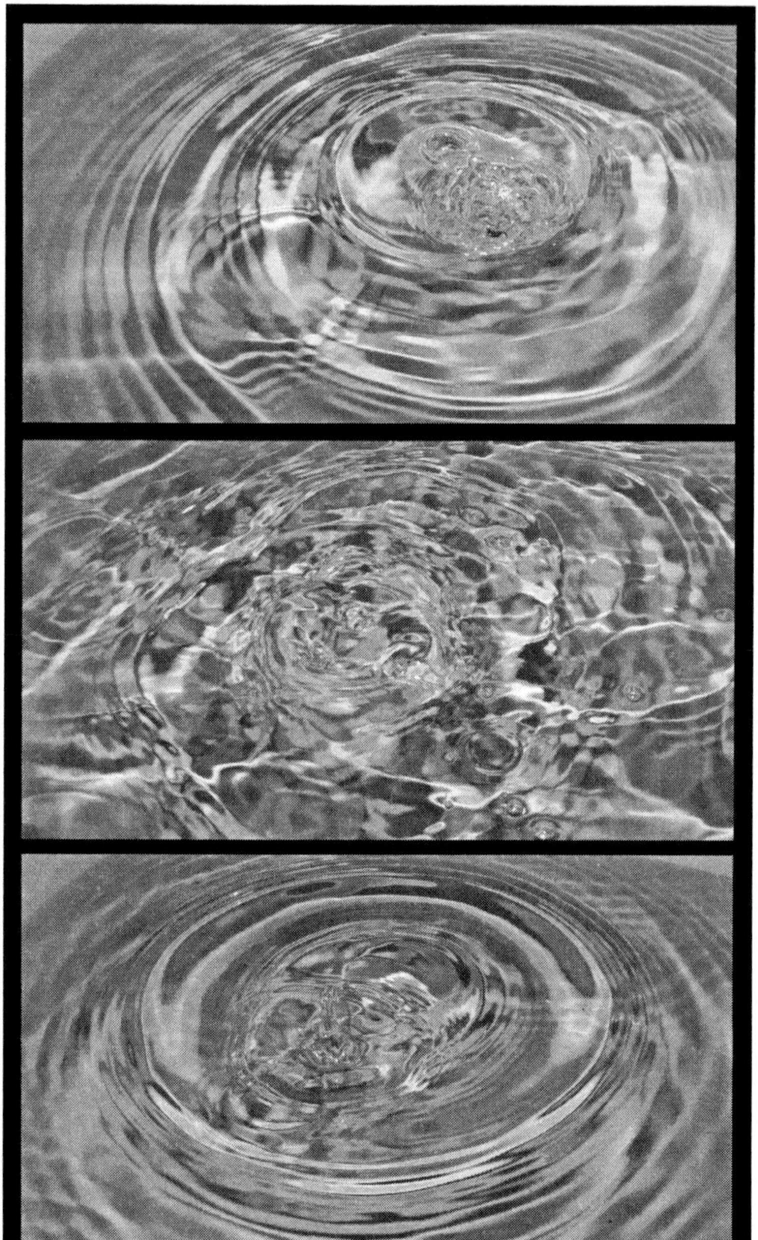

incomincia con l'increspatura sulla superficie…

laddove un mormorio si smorza di sotto…

cambiano entrambi la marea constringendomi a seguire le orme delle onde incessantemente…

perlustro le profondità tuttavia desidero l'unica cosa irrealizzabile…

la sirena ammaliante che mi fa sempre un cenno…

---

it begins with the ripple on the surface...

whilst down below a murmur grows faint…

changes in the tide force me to incessantly follow the tracks left upon the waves…

scouring the ocean depths i crave the only thing unattainable…

the mesmerizing mermaid that always beckons out to me…

voliamo via sulla montagna più lontana…

lasciamo tutto ciò che possiediamo così inizieremo una vita completamente nuova vivendo in armonia con la natura mantenendoci con la passione e l'amore…

che sono innegabilmente infrangibili…

---

let's fly away towards the furthest mountain…

leaving all that we possess starting a new life living in harmony with nature sustaining ourselves with the passion and love…

that are undeniably unbreakable…

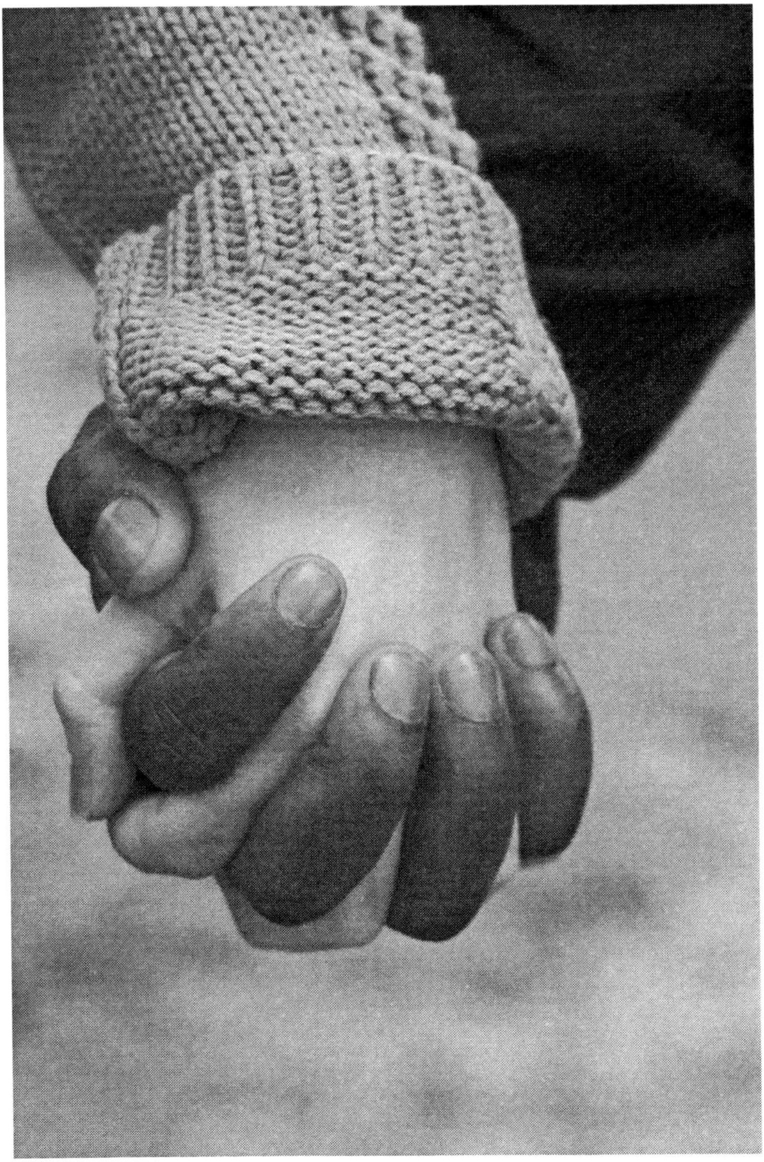

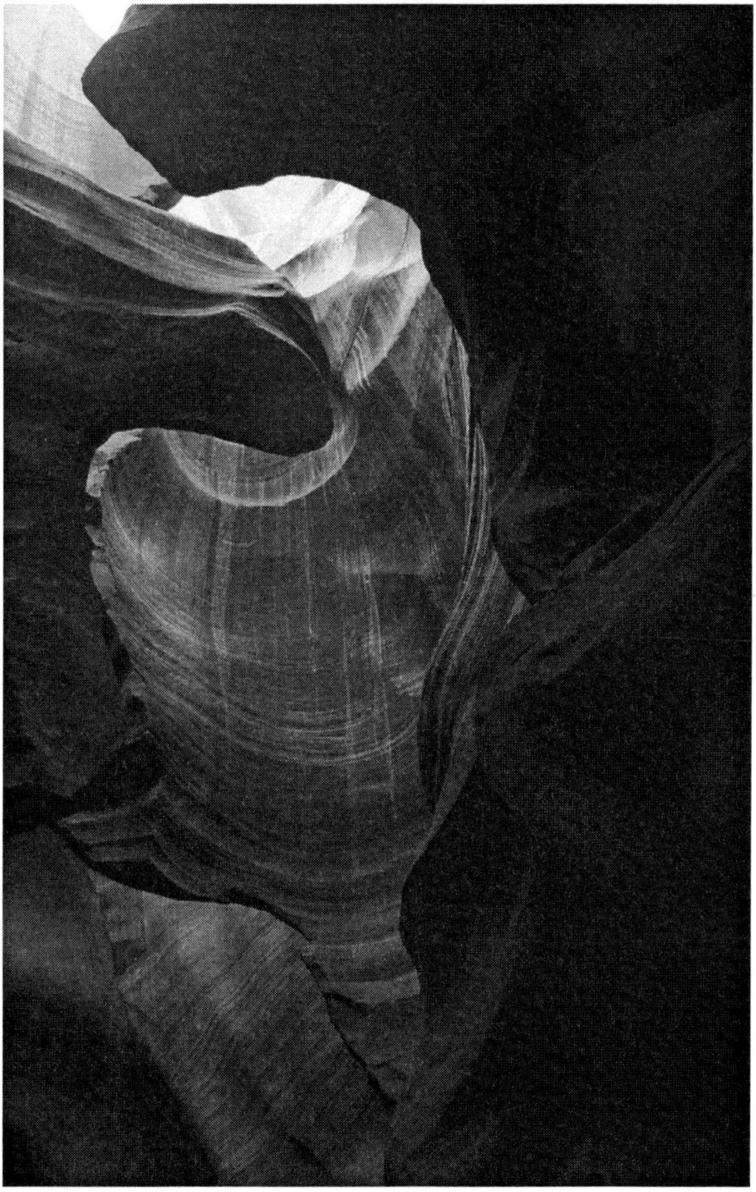

6 consapevole che c'è qualcosa che si cela nella tenebre...

una cosa seppellita che ha sempre fame e pronta a saltare fuori all'improvviso...

il fatto di non saper quando né come ti colpirà provoca dei brividi forti...

la sensazione non diminuisce mai col tempo ma ti spinge fino a quando ti comsuma totalmente...

sai che ti travolgerà lasciandoti senza fiato né scampo...

ti incanta così tanto che alla fine sarai tu a supplicarla di andare fino in fondo...

---

you're aware that something lurks in the darkness...

obscured always ravenous and ready to leap out without warning...

not knowing when nor how it will strike evokes shivers...

the sensation does not diminish over time but lingers until it totally consumes you...

knowing it will overpower leaving you without breath nor escape...

it enchants you so much it will be you begging in the end for more...

in lontananza intravedo una figura intrigante che pare un'illusione irraggiungibile….
è un'anima di una bellezza mozzafiato e così allentante che mi colpisce profondamente…
questa sensazione è talmente inesorabile che i miei sensi vengono destati…
mi avvicino lentamente accorciando la distanza tra di noi…
è quasi alla mia portata quando inciampo inaspettatamente….
incerta della mia intenzione l'apparizione si allontana ed affievolisce…
la cerco disperatamente dappertutto sino ad esaurire…
nondimeno non mollerò…

---

in the distance i glimpse upon a figure so intriguing it seems like an unattainable illusion…
a soul with a breathtaking beauty so enticing that it strikes me profoundly…
this inexorable sensation arouses and awakens my senses…
i approach slowly reducing the distance between us…
it's almost within my reach when i unexpectedly stumble…
uncertain of my intentions the apparition recedes and diffuses…
i search for her everywhere until exhaustion…
nevertheless i will never give up…

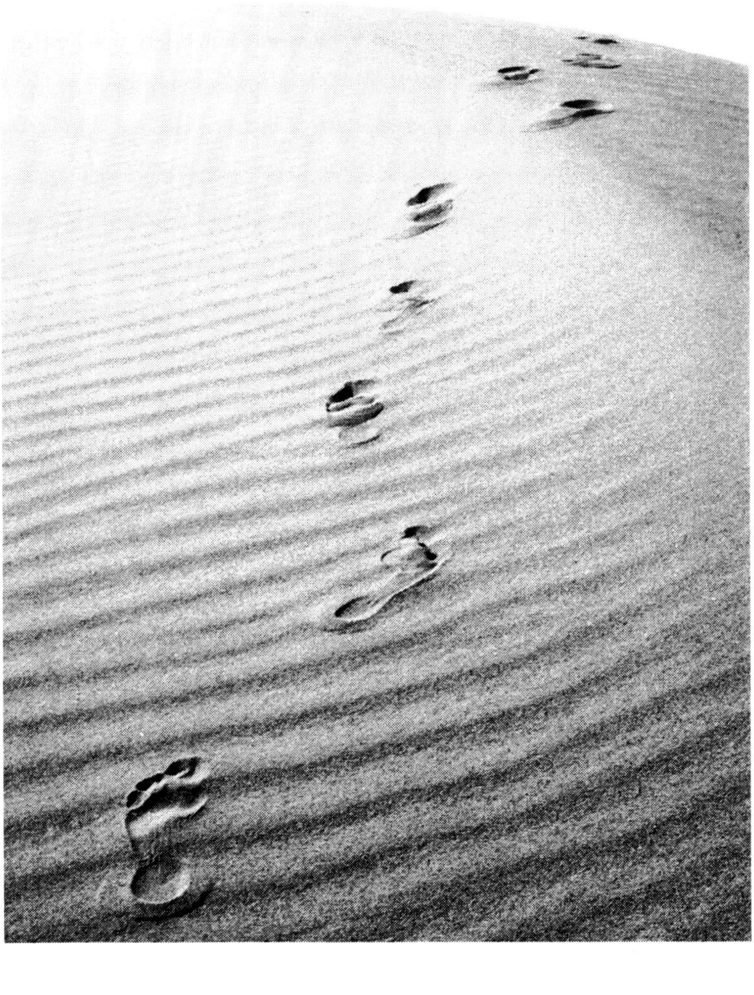

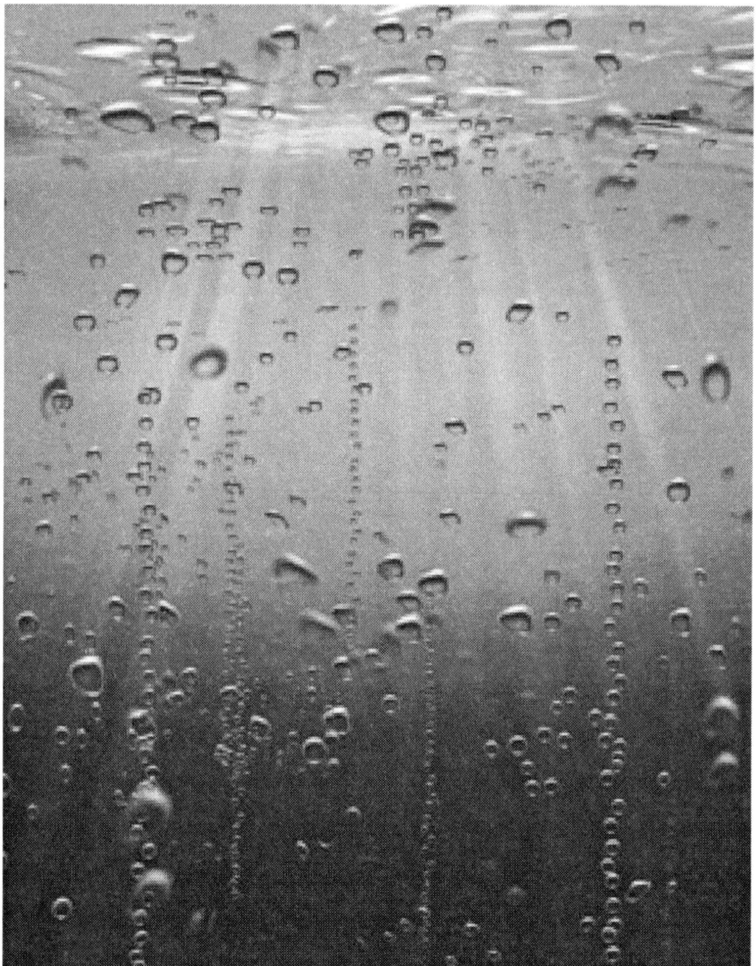

io respiro soltanto quando mi baci…

    io sento soltanto quando mi tocchi…

        io vivo soltanto quando mi vivi…

---

i breathe only when you kiss me….

    i feel only when you touch me…

        i live only when you live me…

comincia dal fondo finché ha scalato tutto il monte...
 il suo potere devasta e travolge tutto ciò che incontra...
non perdona ma forgia e perfora nel profondo le rocce...
 lascia delle tracce sul sentiero scolpendo e cambiandolo
 per sempre....
la cima viene colpita senza pietà né rimorso nei punti deboli...
le cicatrici lasciate nel cuore del precipizio non guariranno
 mai col tempo...
quando sembra che la burrasca stia per disperdersi...
 carpisce il vero obiettivo...
 ...la rosa innocente...

---

it commences from the bottom until it has scaled the entire mountain...
 the power devastates and overwhelms everything it
 caresses...
unforgiving forging deeply whilst piercing the rocks...
 leaving traces in the path sculpturing and changing it
 forever...
striking the peak's weakest points without mercy nor remorse ...
 creating scars on the heart of the precipice that will never
 heal over time...
when it seems the tempest is about to disperse...
 the real objective is seized...
 ...the innocent rose...

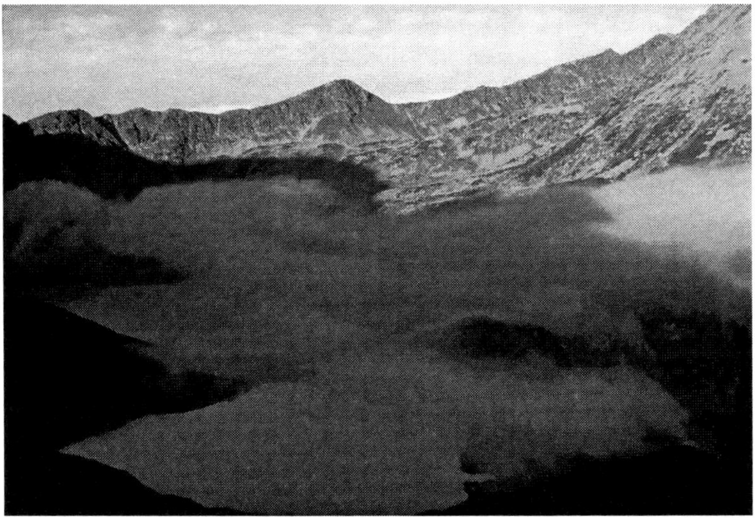

prima o poi…

    si risveglierà dallo stato quiescente…

        prima o poi…

      mi ricercherà sull'isola solitaria…

  prima o poi…

    si renderà conto dell'amore eterno…

        prima o poi…

      allungherà la mano ancora

      una volta…

prima o poi…

---

sooner or later…

    she will reawaken from that quiescent state…

        sooner or later…

      she will search for me once again on

      the solitary island…

sooner or later…

    she will acknowledge eternal love…

        sooner or later…

      she will reach out once

      more…

sooner or later…

i nostri occhi si guardano...

i nostri corpi si desiderano...

                                      le nostre mani si toccano...

                            i nostri pensieri si intrecciano...

le nostre anime si uniscono...

i nostri cuori si appartengono...

---

our eyes connect...

our bodies covet each other...

                                    our hands touch each other...

                                      our thoughts intertwine...

our souls unite...

our hearts belong to one another...

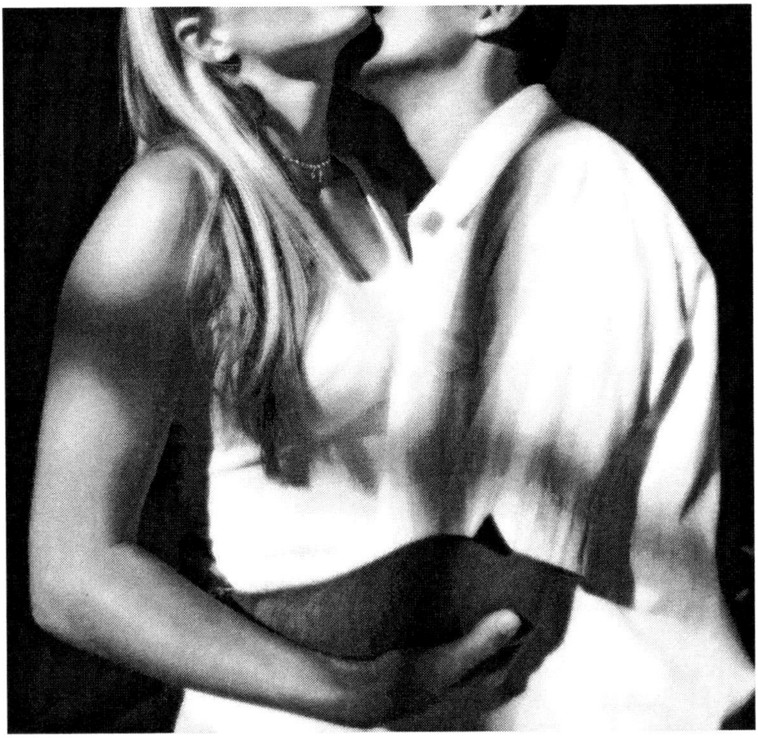

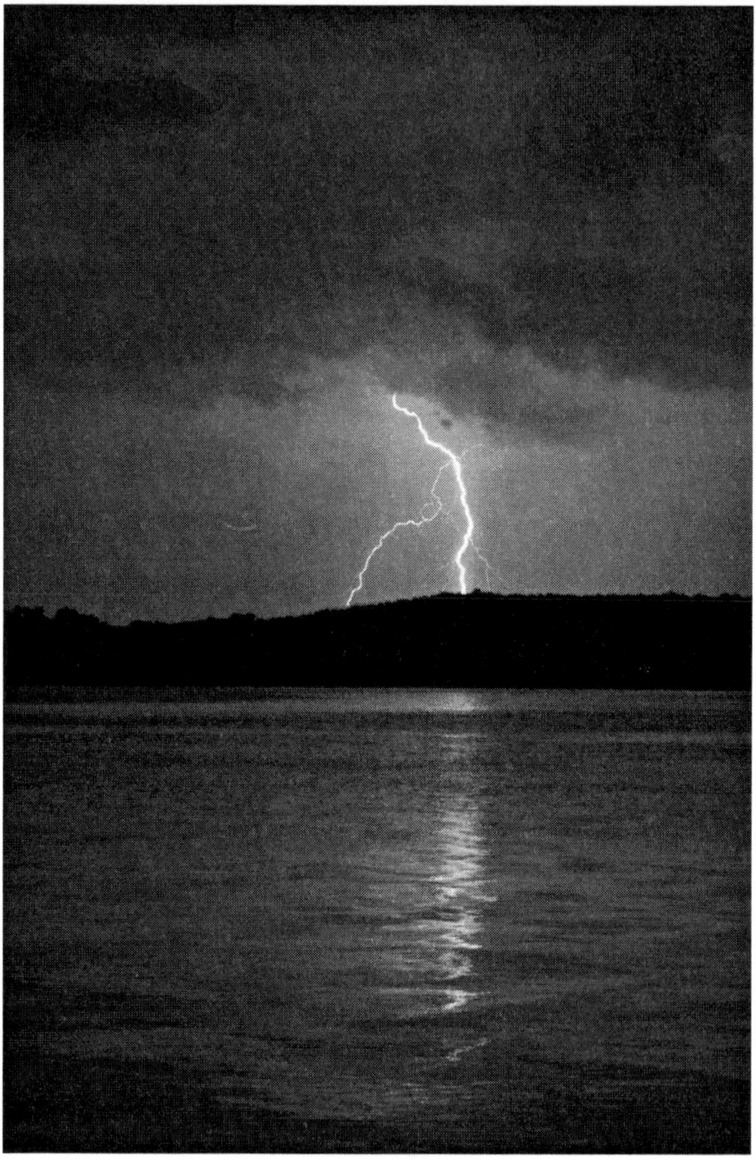

danzando verso l'orizzonte verso nuovi confini...

sono incantati da un'effetto ipnotico...

la luce intensa e brillante dei tuoi occhi mi provoca brividi

indescrivibili lungo il mio corpo...

mi rendono impotente e incapace di resistere...

consapevole che non potrò far altro che seguire il mio

destino...

---

dancing towards the horizon towards new confines...

they're enticed by an alluring hypnotic effect...

the intense bright light of your eyes causes indescribable

shivers down my body...

making me helpless and unable to resist...

aware that i am incapable to do anything but follow my

destiny...

si avvicina…

è familiare…

è potente…

è intenso…

è innegabile…

c'è la voglia…

c'è la canicola…

mi brucia…

mi bruciacchia…

mi inghiottisce…

mi arrendo… prendimi…

---

approaching closer…

it's familiar…

powerful…

intense…

undeniable…

the yearning…

the heat…

searing me…

scorching me…

engulfing me…

i surrender… take me…

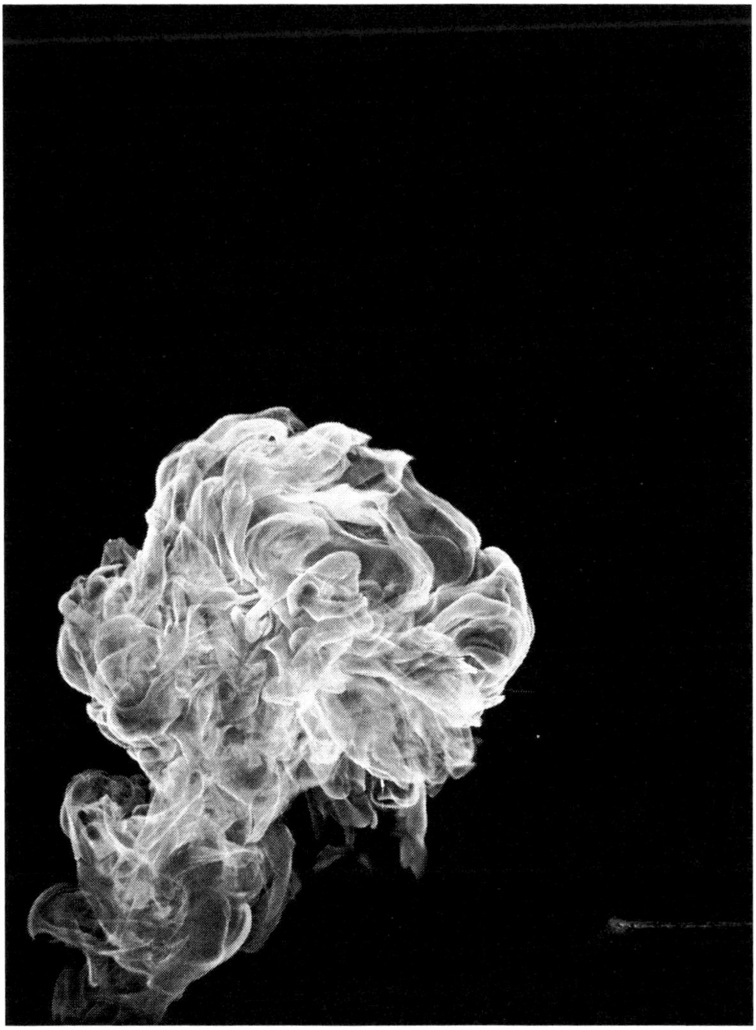

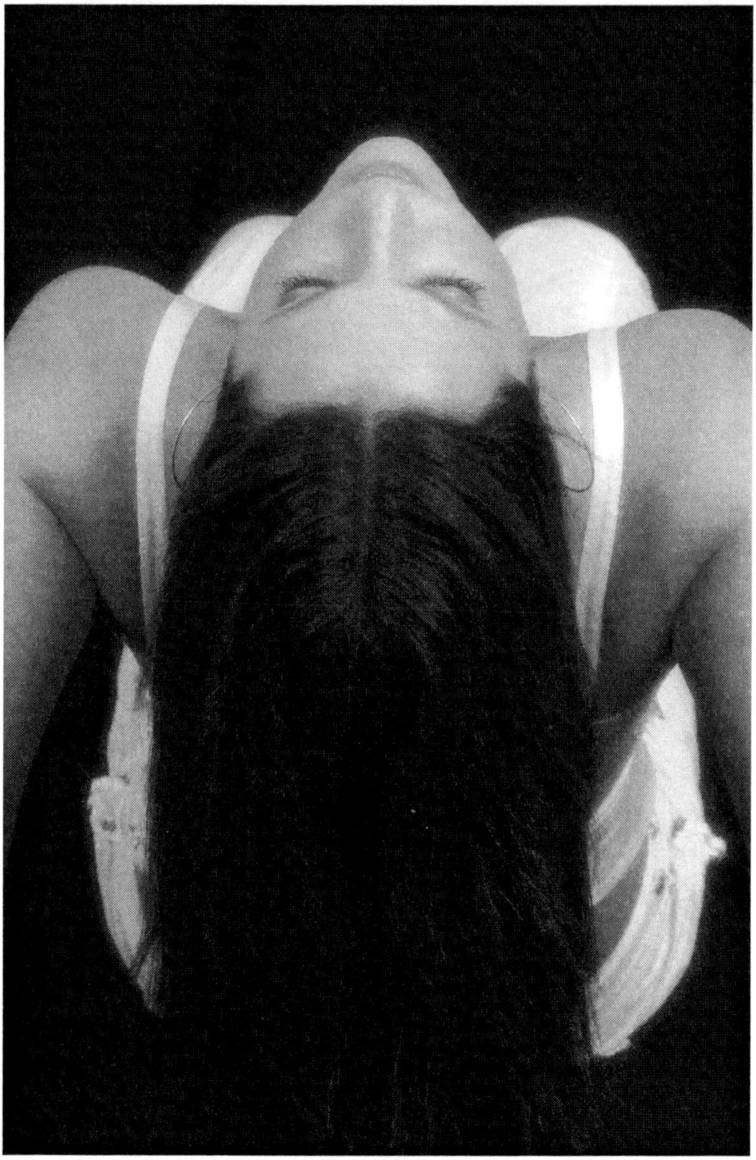

vorrei averti accanto a me per toccarti la pelle…

te la tocco ogni secondo usando la mia mente…

l'aria che respiro è fornita dalle tue labbra rosse con ogni bacio…

mi dai la forza per continuare e per affrontare qualsiasi ostacolo…

mi dai la speranza che mi serve…

mi dai l'amore che mi mancava…

---

i want you beside me to touch your skin…

my mind touches it with every passing second…

i breathe the air with every kiss of your red lips…

you're my strength to take on any obstacle…

supplying hope that i need…

giving me the love i was longing for…

finalmente la luna si fa vedere…

        non vedevamo l'ora…

vagheggiamo nella foschia… con ansia

        si fa giorno.. e

            la luce si mescola al buio…

siamo due creature della notte che

vagano…

        siamo stregati e non possiamo tornare

            indietro…

---

finally the moon reveals itself…

        we were waiting without end…

roaming in the haze… anxiously

        its daylight… and

        brightness conflates with darkness…

we're two nomadic creatures of the night…

bewitched and willingly accepting our fate…

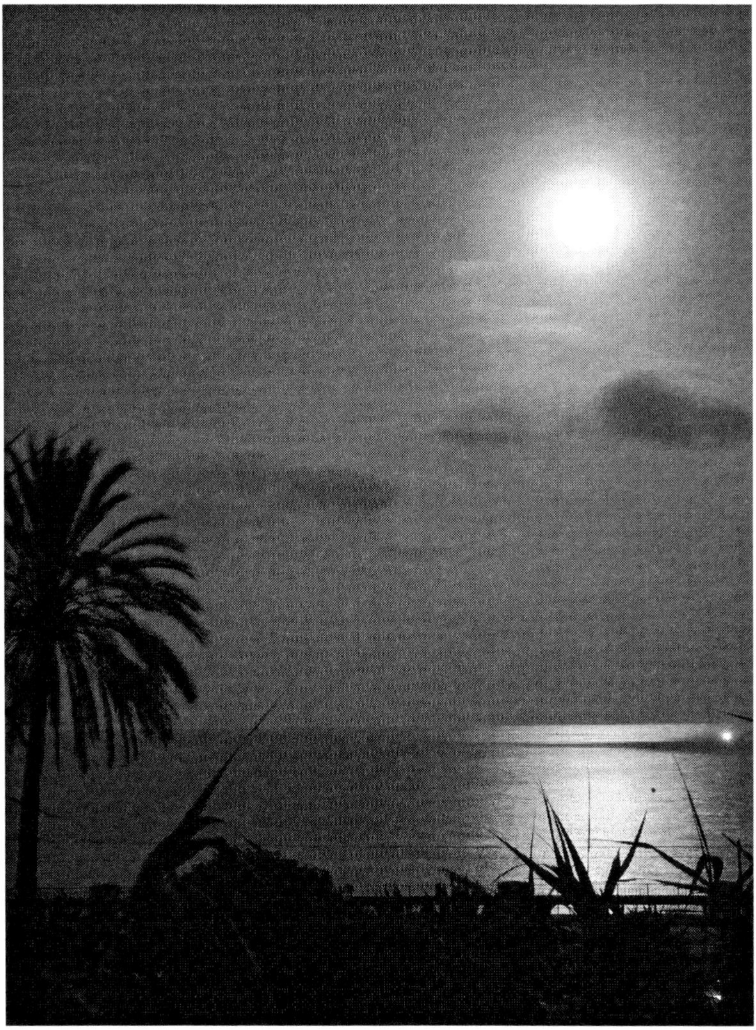

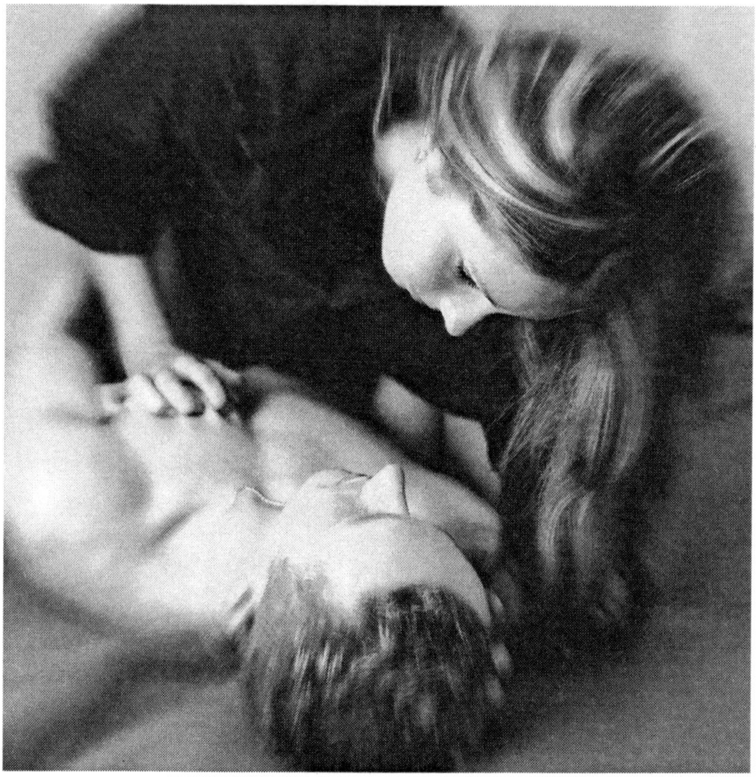

è inconfondibile…

è irresistibile…

è inimitabile…

la musica che suonano i nostri corpi…

quando si vedono…

quando si toccano…

quando si intrecciano…

quando si sciolgono…

quando si amano…

---

it's unmistakable…

it's irresistible…

it's inimitable…

the music our bodies play…

when they see each other…

when they touch each other…

when they intertwine together…

when the melt into one another…

when they love each other…

non cerco di capirlo…

                                        non mi chiedo più…

siamo legati dall'inizio…

                             …da quando ci siamo vissuti…

---

i don't attempt to understand it…

                                     no longer wonder why…

we've been united from the beginning…

                                  the instant we lived each other…

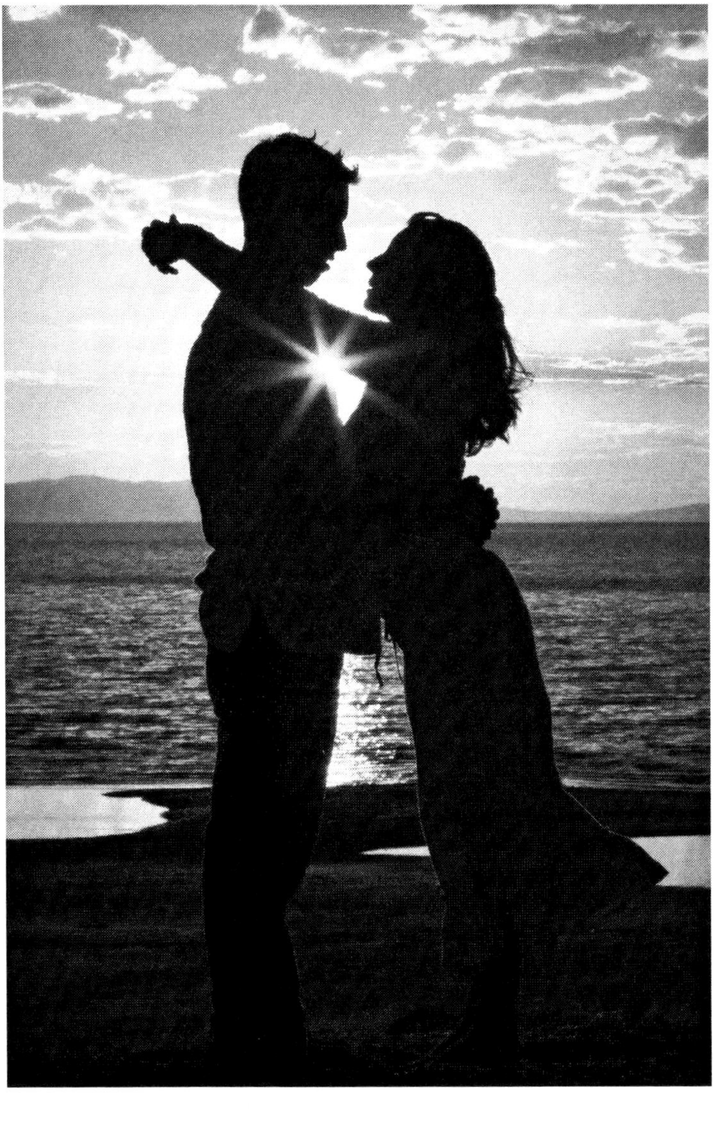

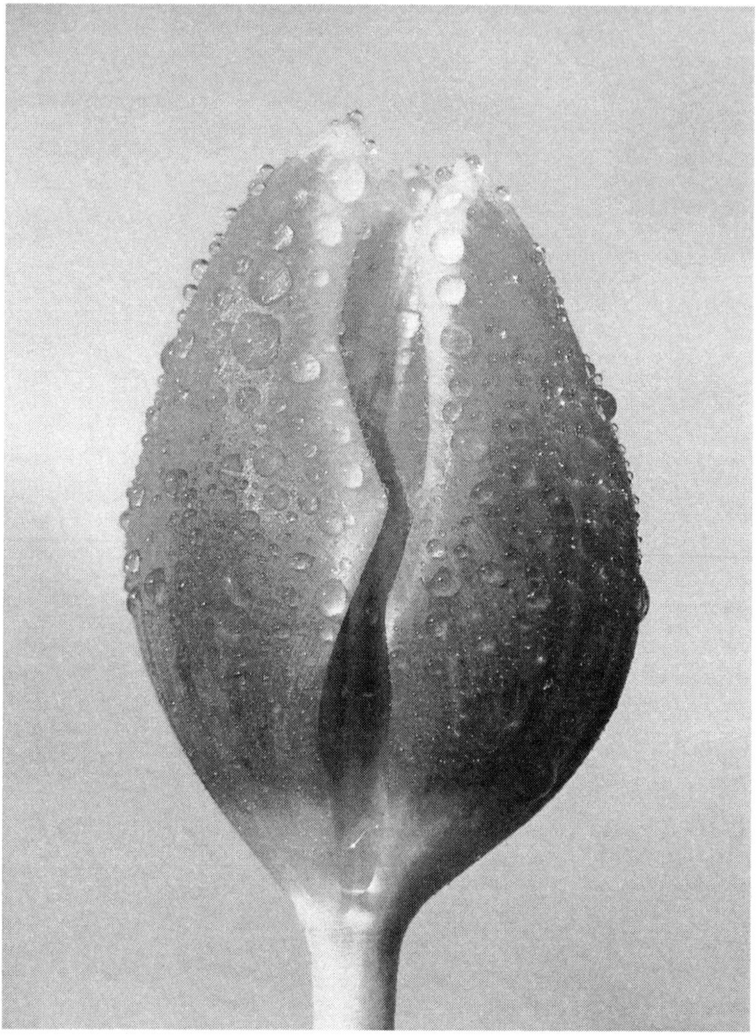

la brezza leggera soffia delicatamente lungo il mio corpo

accarezzando i miei posti sacri…

d'istinto so cosa stia per accadere…

sono trepidante aspettando le gocce di rugiada che

proviene dal paradiso…

c'è la speranza ardente e la scarica di adrenalina…

la pioggerellina e l'acquazzone… e

la liberazione delle emozioni…

---

the gentle breeze delicately blows along my body caressing

my sacred places…

instinctively i know what will ensue…

waiting anxiously for the heaven sent dew drops…

the fervent hope and the rush of adrenalin…

the misty rain the inundation… and

the emotional release…

voliamo via usando le nostre menti come ali…

planiamo sopra il mare andando verso l'arcobaleno dove

si nascondono i nostri sogni…

---

lets fly away using our minds like wings…

soaring above the sea towards the rainbow to where

our dreams hide…

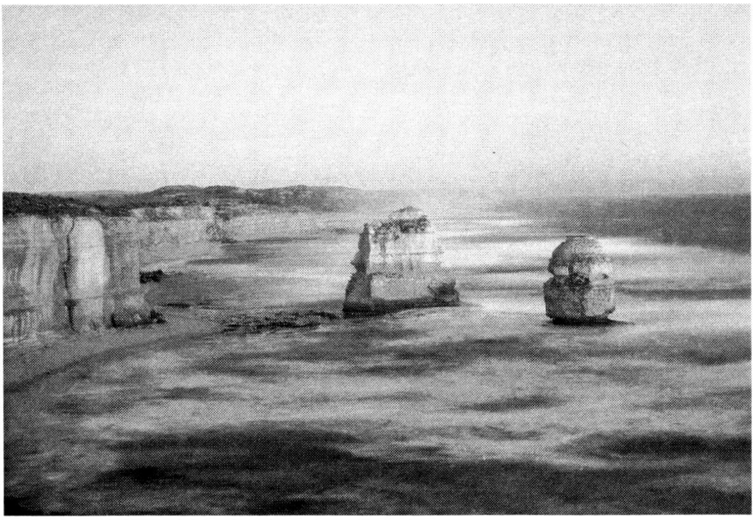

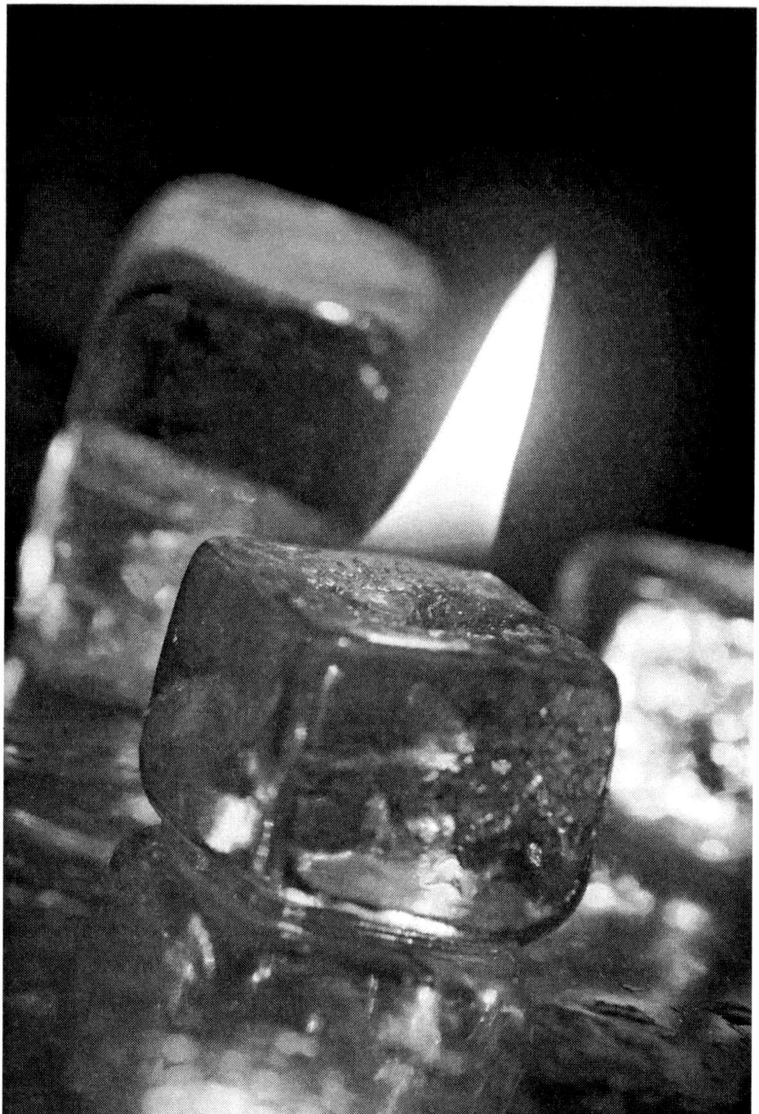

basta toccarla...

      con la mente o con il corpo...

            la sensazione è sempre uguale...

      ...travolgente...

le fiamme divampano ovunque rendendomi schiavo del desiderio...

      mi libererò solo se mi piegherò alla sua volontà...

---

it's enough to just touch her...

      with the mind or the body...

            the sensation is always the same...

      ...overwhelming...

flames flare up everywhere making me a slave to the desire...

      freeing myself only by giving into her will...

sotto il sole cocente non c'è mai sollievo…

dall'afa…

dal fuoco rovente…

dal desio…

né dall'ondata di caldo…

---

under the blazing sun there is never reprieve…

from the sultriness…

from the blistering fire…

from the desire…

nor from the imminent heat wave…

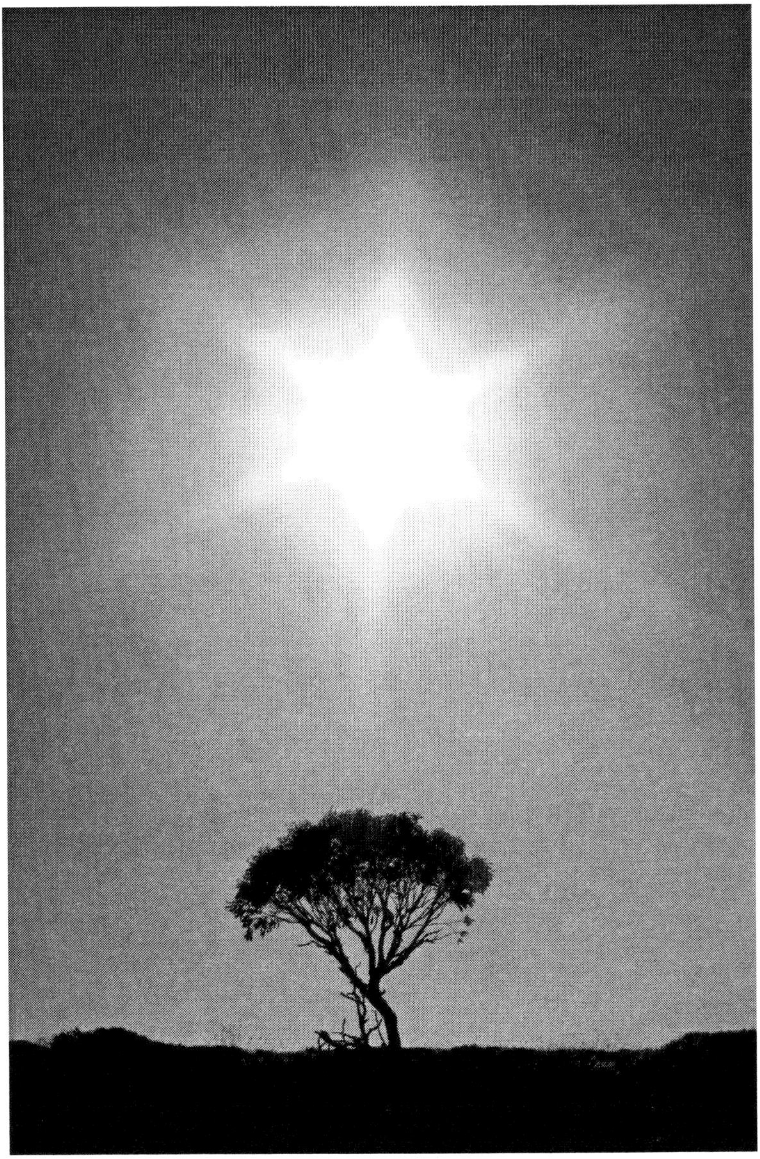

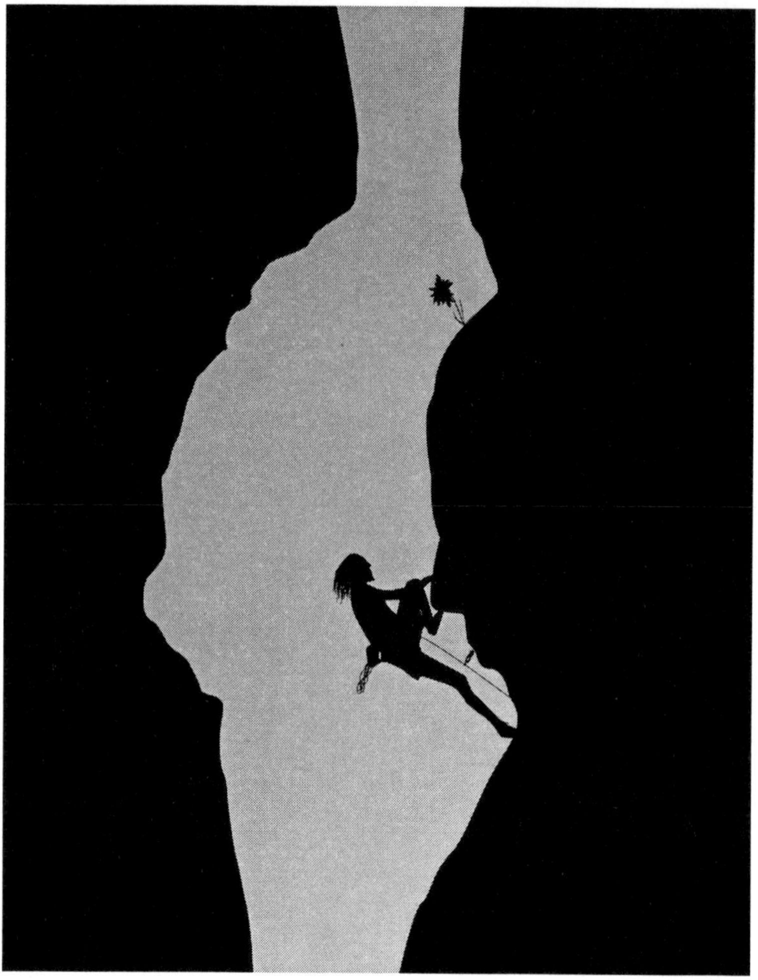

è notte fonda…

silenziosa e squallida fuorché un rumore in lontananza…
sembra quasi riconoscibile se fosse vero…

la luce chiara della luna mi guida tuttavia è un'impresa
difficile…
nondimeno vado avanti senza esitazione…
vago penando ad ogni passo…
già esausto nello spirito mi serve un segno…
frattanto intravedo qualcosa innegabilmente familiare…

disperatamente cerco a tentoni il profumo di quel fiore
selvatico che mi faceva tremare il cuore…

so di essere finalmente sulla strada del ritorno…

it's dead of night…

silent and squalid apart from an echo in the distance…
seems almost recognizable if it were real…

the bright light of the moon guides me
even so it's arduous…

nonetheless i go on without vacillation…
wandering and struggling with every step…
already spiritually exhausted i need a sign…
meanwhile i glimpse something undeniably familiar…

desperately searching for the wild flower's perfume that
once made my heart tremble…

knowing i'm finally close to home…

mi ha sempre inseguito instancabilmente…

il mio cuore freme incontrollabilmente quando si accosta…

io respiro affannosamente nell'ombra sua…

ciò nonostante la accolgo come un soffio di vita…

---

she has always tirelessly pursued me…

my heart shudders uncontrollably whenever she approaches…

struggling for breath within her shadow…

in spite of this i welcome her like a breath of life…

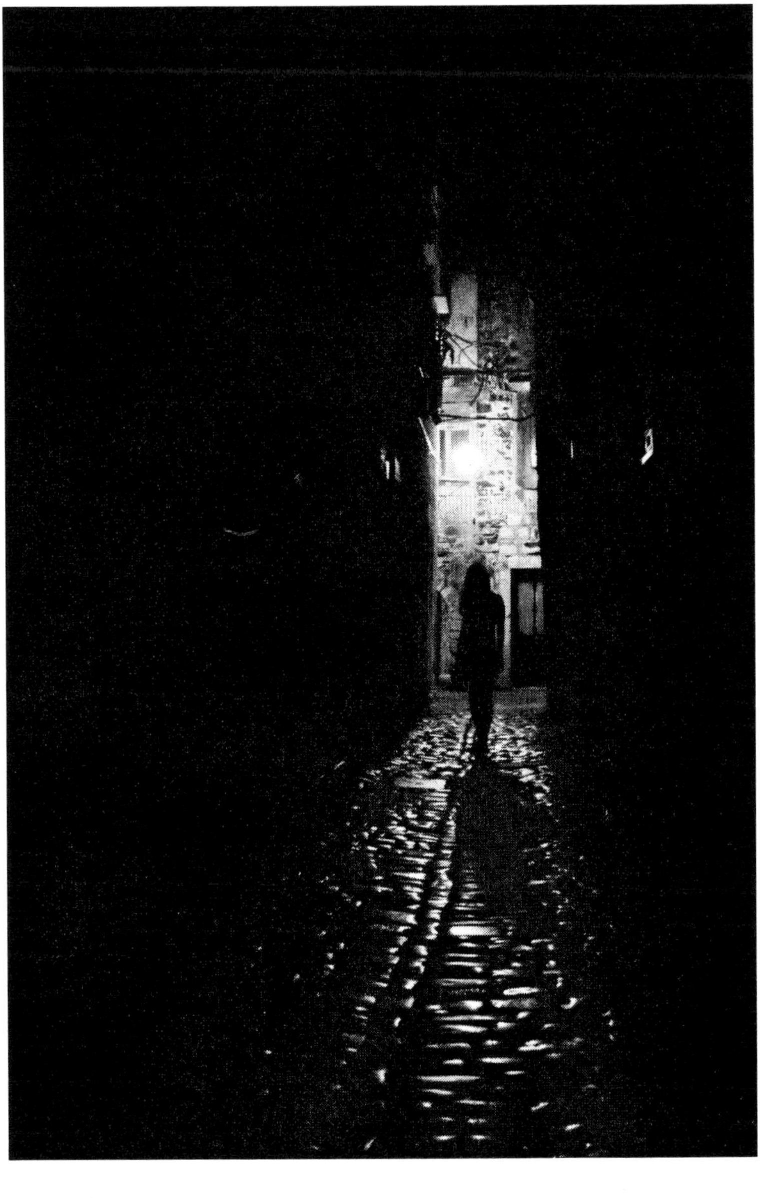

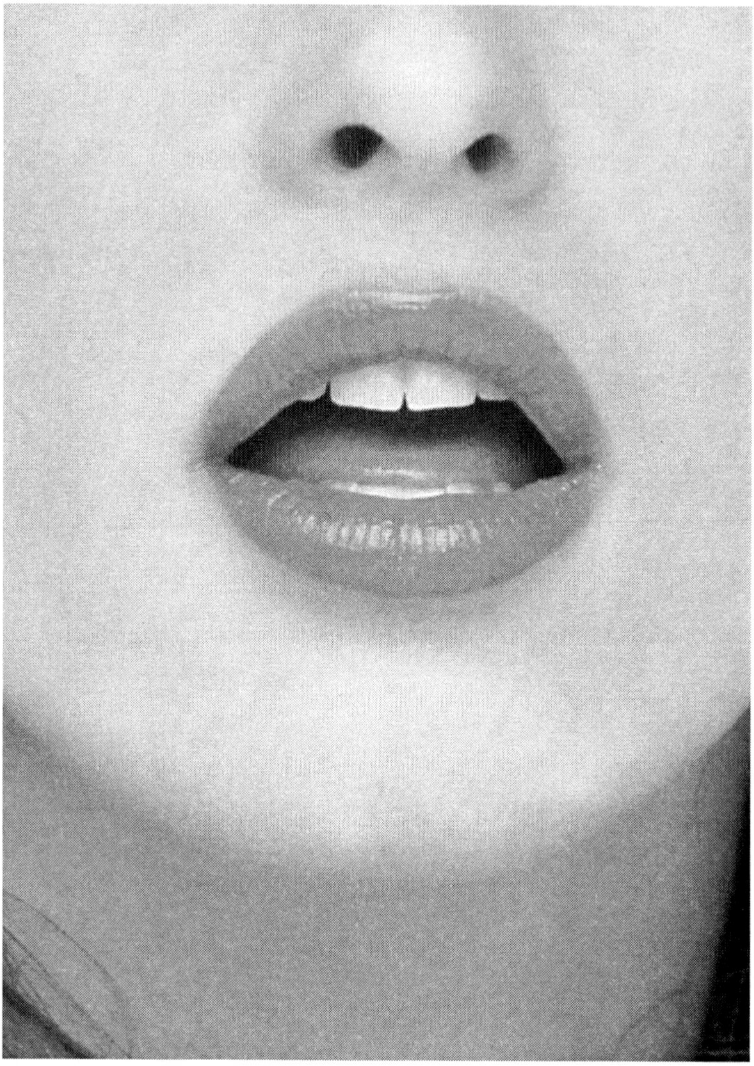

un assaggio…

　　　　　　　　… del profumo…

　　　　　　　　… delle labbra…

　　　　　　… della tua passione…

…dell'amore…

---

a taste…

　　　　　　　　… of the perfume…

　　　　　　　　… of the lips…

　　　　　　… of your passion…

…of love…

a taste of passion...

the Answer

i need to tell how you feel but i don't know where to start

i want to show you how i feel but i'm afraid you'll break

my heart

when i think about what could be and

wish that it were true

but you see me as an old friend if only that you knew

you're so beautiful and enchanting when

i look into your eyes

if i told you how i really feel i know you'd be surprised

at times i'm like a lost child that stands in awe of you

with so many unanswered questions

and not sure what to do

i know i have to chance it to and show you how i feel

so these dreams i have inside me can eventually be real

i am reaching out to touch you now for

i need your warm caress

i would be in ecstasy if you could love me and

Answer my request

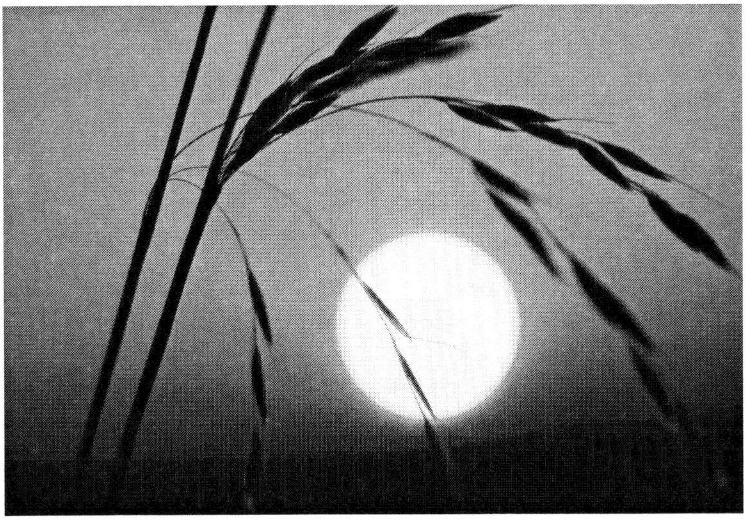

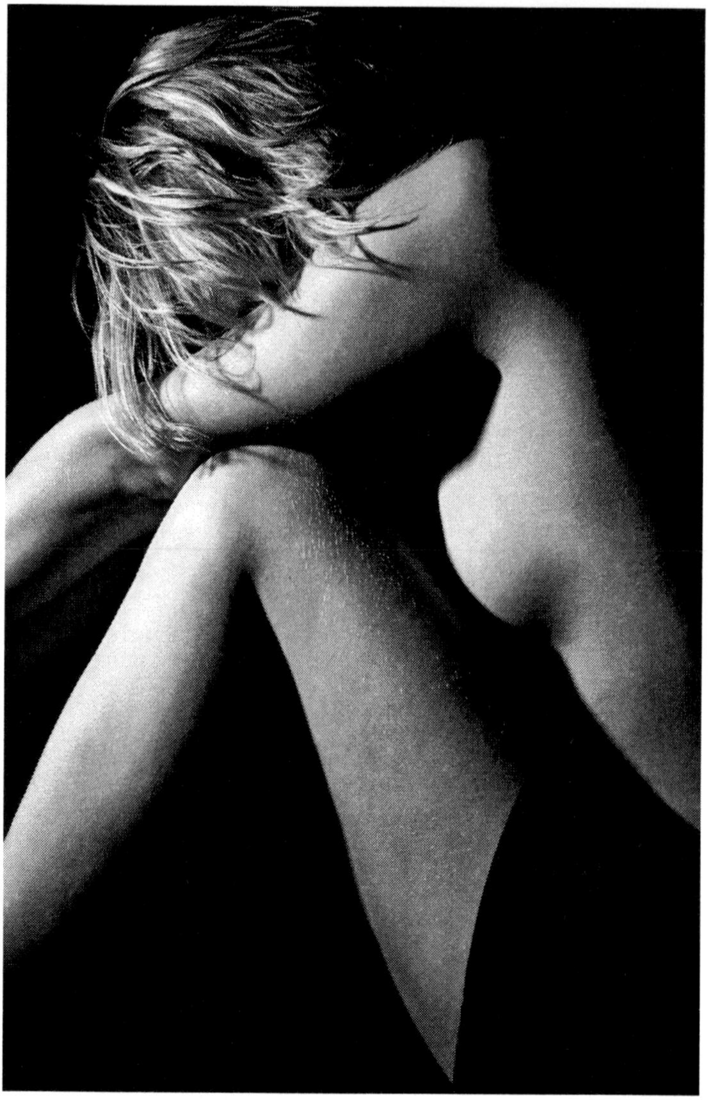

let me

                                                let me come to you…

let me touch you…

                                                let me hold you…

let me comfort you…

                                                let me feel you…

let me understand you…

                                                let me be with you…

let me be a part of you…

                                                let me inside of you…

                     let me love you…

i love

i love your hands that flow over my skin…

i love your perfume that seduces me in…

i love your eyes that turn on my fires…

i love your lips that entice my desires…

i love your body that bewitches my soul…

i love your heart that makes me whole…

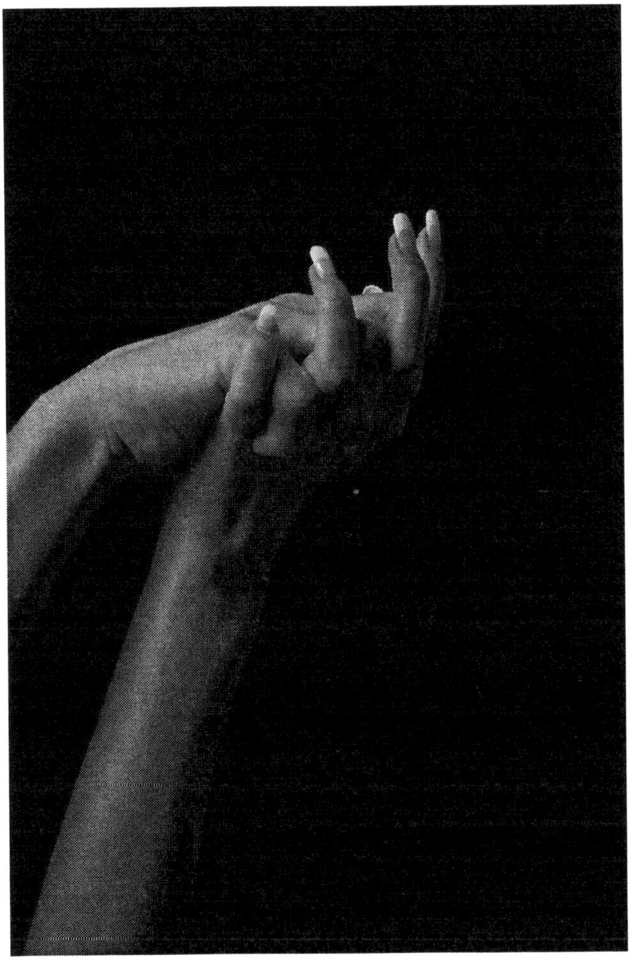

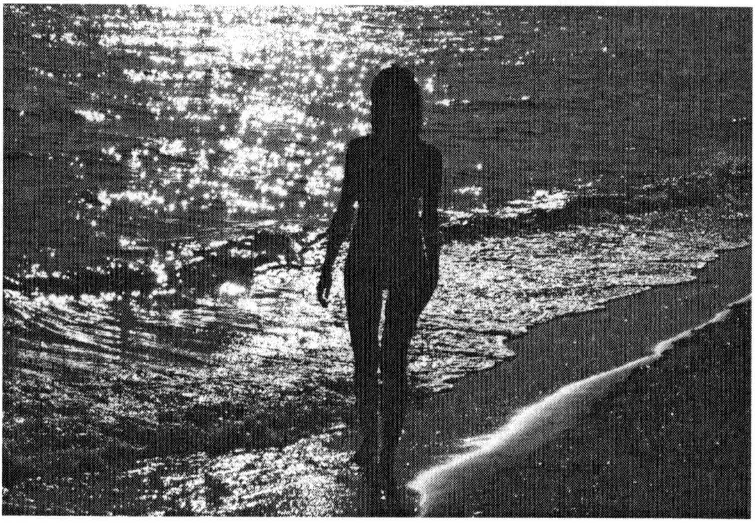

Along the shore

Along the shore i see you as you beckon out to me…

your eyes so bewitching so deep and blue as the sea…

we know that it has started as we begin to play the game…

our thoughts seem linked together as the shyness begins to wane…

our breathing becomes more shallow as our hearts begins to beat…

our bodies want to dance without the need to speak…

moving to what i covet to feel your ardent touch…

approaching always closer for i desire you so much…

our lips press together as we melt into the sun…

i have yearned this day forever and that you would be the one…

I NEED

I NEED to be able to do what i say
but not try to accomplish it all in one day

I NEED to try to stop feeling down
to wish away the blues and turn away the frown

I NEED to slow down this maddening pace
and allow the sun to shine on my face

I NEED to let down my guard and to open up
and understand things will not run amuck

I NEED to have some control of my life
and not get consumed in the hustle bustle and strife

I NEED to be patient in order to learn
I NEED to listen to others in turn

I NEED at times to be in tune with myself
and find the strength to come down from the shelf

I NEED to overlook my faults on bad days
to serve as a reminder i'm special in some ways

I NEED to stop and to see where i stand
I NEED to discover for myself at first hand

I NEED to go out to run and to play
and sometimes think about only today

I NEED to laugh out or maybe to sigh
and believe its ok to break down and cry

I NEED sometimes to let go of the pain
to help cleans my soul like a spring april rain

I NEED to forgive and try to forget
we all make mistakes we often regret

I NEED to smile and to see the light
I NEED time to heal and continue the fight

I NEED to believe in me above all
and not be afraid to fail or to fall

I NEED consoling if I happen to fail
but know i'd regret not walking the trail

I NEED to stop feeling guilty inside
to break down the walls and take life simply in stride

I NEED to remember i'm only a man
not a god who can always reach out a hand

I NEED to find me before i am done
like the moon to the earth and the stars to the sun

I NEED most of all to love and trust ME
only then will i be happy strong and totally FREE

I NEED

Biografia

Biography

Biografia

Garry Anthony Priam nasce a Luton, Bedfordshire Inghilterra il 24 aprile 1965 da Willianna Wilson e Kidwin Sudley Priam originari dei Caraibi rispettivamente da Santa Lucia e Santo Vincenzo. Si conobbero a Londra e la famiglia Priam emigra in Canada assieme la sorella Marthalina, per cercare una vita migliore.

Garry iniziò a scuola all'eta di cinque anni. Era un'atleta notevole e vinse molti premi. Infatti praticò atletica, il calcio, l'hockey su ghiaccio, basket, ecc... È stato votato spesso come miglior giocatore in ogni sport che ha praticato.

Si è laureato in informatica coltivando il sogno di giocare come professionista. Iniziò a lavorare nel settore informatico prima di andare a Londra per giocare a basket.

Tornò in Canada per il basket e per amore. Poi venne l'occasione per lui di andare in Italia per seguire la sua ragazza che è un'atleta professionista.

Ha abitato in diverse in città in Italia come: Samarate (Busto Arsizio), Reggio Emilia, Bergamo, Forlì, Chieri (Torino) e Modena.

Durante il suo soggiorno in Italia, negli ultimi nove anni, Garry ha imparato l'Italiano. Ha scoperto quindi le sfumature della cultura Italiana, ambientandosi nella vita quotidiana del paese, vivendola come residente e non come turista. Al suo arrivo in Italia, Garry conosceva soltanto tre parole della lingua più sensuale ed appassionata del mondo.

Garry è sempre piaciuto scrivere e leggere nel tempo libero come vedrete in "a taste of passion".

Dopo tanti anni in Italia però, ha trovato il coraggio e l'ispirazione per scrivere e pubblicarle in Italiano.

Ora lui vive vicino a Vancouver, British Columbia Canada. Fa l'attore televisivo e lavora nel settore di informatica come consulente. Gli piace giocare ancora a basket per tenersi in forma e fa delle immersione.

Biography

Garry Anthony Priam was born on April 24, 1965 in Luton, England to Willianna Wilson and Kidwin Sudley Priam, originally from St. Lucia and St. Vincent in the Caribbean. They met in London and the family immigrated to Canada with his sister, Marthalina, to find a better life.

Garry started school at 5 years old. He was an outstanding athlete having won a lot of awards in Track and Field, Soccer, Ice Hockey, Basketball, etc... He was often voted as the best player in many of the sports that he played.

He graduated with a computer science degree and had hopes of one day becoming a professional athlete. He worked in the computer field before leaving to play professional basketball in London, England.

He returned to Canada for basketball and love. Years later came the possibility to live in Italy since his girlfriend played professional volleyball there.

He lived in many Italian cities like: Samarate (Busto Arsizio), Reggio Emilia, Bergamo, Forlì, Chieri (Torino) and Modena.

During his stay in Italy, the last nine years, Garry learned Italian discovering the nuances of the Italian culture while becoming familiar with normal Italian life and living as a resident and not as a tourist. Upon arriving in Italy, Garry knew only 3 words from the most sensual and passionate language in the world.

Garry has always liked to write poems in English, as you will see in "a taste of passion".

However, after many years of Italian life he found the courage and inspiration to write and publish them in Italian.

Garry currently lives near Vancouver, British Columbia Canada where he currently works as an actor and computer consultant. He still likes to play basketball to stay in shape and also scuba dive.

Dedica

Portofino, Italia

L'Italia è così affascinante che mi ha colpito il cuore. È sempre stato il mio sogno visitare l'Italia. Sono riuscito a realizzare uno dei miei tanti sogni. Impossibile non innamorarsi dell'Italia! C'è sempre qualcosa di bello da scoprire! Rimango incantato dalla cultura, dalla storia, dal cibo, dal vino e dai panorami. Sono riconoscente e fortunato di aver conosciuto le persone che mi hanno accolto mostrandomi le loro tradizioni Mediterreanee.

Questo libro è dedicato a loro (la mia famiglia Italiana), alla mia famiglia Canadese e tutti i miei amici nel mondo! Vi voglio un mondo di bene!

Le mie poesie trattono dell'amore e della vita e mi auguro possano piacervi come sono piaciute a molti amici Italiani e Canadesi.

Ci sarà sempre un pezzo d'Italia nel mio cuore...

Baci Italiani...

Dedication

Sydney, Australia

Italy is so fascinating that it has always touched my heart! I wanted to go there from the time I was little and was fortunate to realize one of my many dreams. It's impossible not to fall in love with Italy. There is always something beautiful to discover! The culture, the history, the food, the wine, and the country side are captivating. I am so thankful and lucky to have met so many people that helped and shared their Mediterranean culture with me.

This book is dedicated to them (my Italian family) my Canadian family and all my friends around the world! I love you all!

These poems speak of love and of life and hopefully they will be as pleasing to you as they are for many of my friends.

There will always be a piece of Italy in my heart…

Italian Kisses…

Incantevoli...

Enchanting...

Gondole – vicino a Santo Giorgio
(Gondolas – close to Saint George)
Venezia, Italia

Colosseo
Colosseum
Roma, Italia

Montagna Castello
(Castle Mountain)

Banff, Canada

Orca col suo cucciolo
(ora with her calf)
Vancouver, Canada

Se ti piace il libro vai a **www.amorepoems.com** per commentare, per comprare il libro o per contattare l'autore, Garry Anthony Priam.

If you like the book go to **www.amorepoems.com** to comment, to place orders or to contact the author, Garry Anthony Priam.

arrivederci!

ISBN 1412084113